INSTITUT DE FRANCE.

ACADÉMIE ROYALE DES BEAUX-ARTS.

A PARIS,
DE L'IMPRIMERIE DE FIRMIN DIDOT FRÈRES,
IMPRIMEURS DE L'INSTITUT,
RUE JACOB, N° 24.

M. DCCC XXXV.

INSTITUT DE FRANCE.

BEAUX-ARTS.

INSTITUT DE FRANCE.

ACADÉMIE
ROYALE
DES BEAUX-ARTS.

A PARIS,

DE L'IMPRIMERIE DE FIRMIN DIDOT FRÈRES,

IMPRIMEURS DE L'INSTITUT,

RUE JACOB, N° 24.

M. DCCC. XXXV.

ORDONNANCE
DU ROI,

CONCERNANT LA NOUVELLE ORGANISATION DE L'INSTITUT.

Au château des Tuileries, le 21 mars 1816.

LOUIS, par la grâce de Dieu, ROI DE FRANCE ET DE NAVARRE, à tous ceux qui ces présentes verront, SALUT.

La protection que les Rois nos aïeux ont constamment accordée aux sciences et aux lettres, nous a toujours fait considérer avec un intérêt particulier les divers établissements qu'ils ont fondés pour honorer ceux qui les cultivent : aussi n'avons-nous pu voir sans douleur la chute de ces Académies qui avaient si puissamment contribué à la prospérité des lettres, et dont la fondation a été un titre de gloire pour nos augustes prédécesseurs. Depuis l'époque où elles ont été rétablies sous une dénomination nouvelle, nous avons vu, avec une vive satisfaction, la considération et la renommée que l'Institut a méritées en Europe. Aussitôt que la divine Providence nous a rappelé sur le trône de nos pères, notre intention a été de maintenir et de protéger cette savante compagnie; mais nous avons jugé convenable de rendre à chacune de ses classes son nom primitif, afin de rattacher leur gloire passée à celle qu'elles ont acquise, et afin de leur rappeler à la fois ce qu'elles ont pu faire dans des temps difficiles, et ce que nous devons en attendre dans des jours plus heureux.

Enfin nous nous sommes proposé de donner aux Académies une marque de notre royale bienveillance, en associant leur établissement à la restauration de la monarchie, et en mettant leur composition et leurs statuts en accord avec l'ordre actuel de notre gouvernement.

A CES CAUSES, et sur le rapport de notre ministre secrétaire d'état au département de l'intérieur,

Notre Conseil d'état entendu,

NOUS AVONS ORDONNÉ et ORDONNONS ce qui suit :

ART. 1er. L'Institut sera composé de quatre Académies, dénommées ainsi qu'il suit, et selon l'ordre de leur fondation, savoir :

L'Académie française;

L'Académie royale des Inscriptions et Belles-Lettres;

L'Académie royale des Sciences;

L'Académie royale des Beaux-Arts.

2. Les Académies sont sous la protection directe et spéciale du Roi.

3. Chaque Académie aura son régime indépendant, et la libre disposition des fonds qui lui sont ou lui seront spécialement affectés.

4. Toutefois l'agence, le secrétariat, la bibliothèque et les autres collections de l'Institut demeureront communs aux quatre Académies.

5. Les propriétés communes aux quatre Académies, et les fonds y affectés, seront régis et administrés, sous l'autorité de notre ministre secrétaire d'état au département de l'intérieur, par une commission de huit membres, dont deux seront pris dans chaque Académie.

Ces commissaires seront élus chacun pour un an, et seront toujours rééligibles.

6. Les propriétés et fonds particuliers de chaque Académie seront régis en son nom par les bureaux ou commissions institués ou à instituer, et dans les formes établies par les réglements.

7. Chaque Académie disposera, selon ses convenances, du local affecté aux séances publiques.

8. Elles tiendront une séance publique commune, le 24 avril, jour de notre rentrée dans notre royaume.

9. Les membres de chaque académie pourront être élus aux trois autres Académies.

10. L'Académie française reprendra ses anciens statuts, sauf les modifications que nous pourrions juger nécessaires, et qui nous seront

présentées, s'il y a lieu, par notre ministre secrétaire d'état au département de l'intérieur.

11. L'Académie française est et demeure composée ainsi qu'il suit :

(*Suivent les noms de MM. les membres de l'Académie française.*)

(*Voyez l'Annuaire de* 1817.)

12. L'Académie royale des Inscriptions et Belles-Lettres conservera l'organisation et les réglements actuels de la troisième classe de l'Institut.

13. L'Académie royale des Inscriptions et Belles-Lettres est et demeure composée ainsi qu'il suit :

(*Suivent les noms de MM. les membres.*)

(*Voyez l'Annuaire de* 1817.)

14. L'Académie royale des Sciences conservera l'organisation et la distribution en sections de la première classe de l'Institut.

15. L'Académie royale des Sciences est et demeure composée ainsi qu'il suit :

SECTION Ire. — *Géométrie.*
SECTION II. — *Mécanique.*
SECTION III. — *Astronomie.*
SECTION IV. — *Géographie et Navigation.*
SECTION V. — *Physique générale.*
SECTION VI. — *Chimie.*
SECTION VII. — *Minéralogie.*

SECTION VIII. — *Botanique.*
SECTION IX. — *Économie rurale.*
SECTION X. — *Anatomie et Zoologie.*
SECTION XI. — *Médecine et Chirurgie.*

(*Suivent les noms de MM. les membres.*)
(*Voyez l'Annuaire de* 1817.)

16. L'Académie royale des Beaux-Arts conservera l'organisation et la distribution en sections de la quatrième classe de l'Institut.

17. L'Académie royale des Beaux-Arts est et demeure composée ainsi qu'il suit :

SECTION Ire. — *Peinture.*
SECTION II. — *Sculpture.*
SECTION III. — *Architecture.*
SECTION IV. — *Gravure.*
SECTION V. — *Composition musicale.*

(*Suivent les noms de MM. les membres.*)
(*Voyez l'Annuaire de* 1817.)

18. Il sera ajouté, tant à l'Académie royale des Inscriptions et Belles-Lettres qu'à l'Académie royale des Sciences, une classe d'académiciens libres, au nombre de dix pour chacune de ces deux Académies.

19. Les académiciens libres n'auront d'autre indemnité que celle du droit de présence.

Ils jouiront des mêmes droits que les autres académiciens, et seront élus selon les formes accoutumées.

20. Les anciens honoraires et académiciens, tant de l'Académie royale des Sciences que de l'Académie royale des Inscriptions et Belles-Lettres, seront, de droit, académiciens libres de l'Académie à laquelle ils ont appartenu.

Ces académiciens feront les élections nécessaires pour compléter le nombre de dix académiciens libres dans chacune d'elles.

21. L'Académie royale des Beaux-Arts aura également une classe d'académiciens libres, dont le nombre sera déterminé par un réglement particulier, sur la proposition de l'Académie elle-même.

22. Notre ministre secrétaire d'état au département de l'intérieur soumettra à notre approbation les modifications qui pourraient être jugées nécessaires dans les réglements de la première, de la troisième et de la quatrième classe de l'Institut, pour adapter lesdits réglements à l'Académie royale des Sciences, à l'Académie royale des Inscriptions et Belles-Lettres, et à l'Académie royale des Beaux-Arts.

23. Il sera, chaque année, alloué au budget de notre ministre secrétaire d'état de l'intérieur un fonds général et suffisant pour payer les traitements conservés et indemnités aux membres, secrétaires perpétuels, et employés, des quatre classes de l'Institut, ainsi que pour les divers travaux littéraires, les expériences, impressions, prix, et autres objets.

Le fonds sera réparti entre chacune des

quatre Académies qui composent l'Institut, selon la nature de leurs travaux, et de manière à ce que chacune d'elles ait la libre jouissance de ce qui sera assigné pour son service.

24. Tous les membres qui ont appartenu jusqu'à ce jour à l'une des quatre classes de l'Institut conserveront la totalité de leur traitement.

25. Sont maintenus les décrets et réglements qui ne contiennent aucune disposition contraire à celles de la présente ordonnance.

26. Notre ministre secrétaire d'état au département de l'intérieur est chargé de l'exécution de la présente ordonnance.

Donné au château des Tuileries, le 21 mars de l'an de grâce 1816, et de notre règne le vingt-unième.

Signé LOUIS.

Par le Roi :

Le ministre secrétaire d'état de l'intérieur,

Signé VAUBLANC.

Certifié conforme par nous,

Garde-des-sceaux de France, ministre secrétaire d'état au département de la justice,

BARBÉ-MARBOIS.

INSTITUT DE FRANCE.

ACADÉMIE
ROYALE
DES BEAUX-ARTS.

STATUTS DE L'ACADÉMIE ROYALE DES BEAUX-ARTS.

Composition de l'Académie.

ART. 1er. L'Académie royale des Beaux-Arts est composée d'académiciens, d'académiciens libres, et d'associés étrangers.

Académiciens.

2. Les académiciens sont au nombre de quarante. Ils sont choisis parmi les peintres, les sculpteurs, les architectes, les graveurs,

et les compositeurs de musique les plus distingués par leurs talents et par leurs ouvrages.

3. Nul ne peut être académicien s'il n'est Français, âgé de 25 ans au moins, et domicilié à Paris.

4. Les quarante académiciens sont répartis en cinq sections, ainsi qu'il suit : dans la section de peinture, quatorze; dans la section de sculpture, huit; dans la section d'architecture, huit; dans la section de gravure, quatre; dans la section de musique, six.

5. Le secrétaire perpétuel peut être choisi hors du nombre des quarante académiciens. Dans ce cas, il jouit du titre et de tous les droits d'académicien; mais il ne fait partie d'aucune des cinq sections. Lorsqu'il est choisi parmi les membres d'une section, sa place y devient vacante.

Académiciens libres.

6. La classe des académiciens libres est composée de dix membres. Ils sont choisis parmi les hommes distingués, soit par leur rang et leur goût, soit par leurs connaissances théoriques ou pratiques dans les beaux-arts.

7. Les académiciens libres ont voix délibérative dans toutes les discussions relatives aux sciences, aux lettres et aux arts. Ils peuvent faire partie de toutes les commissions

nommées dans le sein de l'Académie (autres que celles qui ont rapport à l'administration), et concourir à la nomination de ces mêmes commissions. Ils jouissent de toutes les prérogatives des académiciens, excepté de celle du droit de suffrage pour les élections aux places vacantes dans les sections, pour celle du secrétaire perpétuel, pour les jugemens des grands prix annuels de peinture, sculpture, architecture, gravure, composition musicale, et pour ceux de tout autre concours public.

8. Néanmoins les académiciens libres ont droit de voter avec les autres académiciens pour les élections aux places qui viennent à vaquer, 1° dans la classe des académiciens libres, 2° dans celle des associés étrangers, 3° parmi les correspondants.

9. Les académiciens libres ne peuvent, dans aucun cas, être élus aux places d'académiciens, vacantes dans les cinq sections ci-dessus dénommées.

10. Les académiciens libres n'ont d'autre indemnité que celle du droit de présence.

Associés étrangers.

11. Le nombre des associés étrangers de l'Académie ne peut excéder celui de dix. Ils sont choisis parmi les artistes les plus célèbres, et les amateurs des beaux-arts les plus distingués de l'Europe.

12. Les associés étrangers, lorsqu'ils se trouvent à Paris, jouissent du droit de siéger dans les assemblées de l'Académie. Ils ne font partie d'aucune section, ne touchent aucun traitement, ni droit de présence. Ils ne peuvent voter ni dans les élections des membres de l'académie, ni dans les jugements des grands prix annuels et autres concours publics; mais ils ont voix délibérative dans toutes les discussions relatives aux sciences, aux lettres et aux arts.

Organisation de l'Académie.

13. Le bureau de l'Académie est composé d'un président, d'un vice-président, et d'un secrétaire perpétuel.

14. Tous les ans, dans la première séance de janvier, l'Académie nomme, selon les formes ci-après prescrites, et parmi les académiciens membres des sections, un vice-président, qui, l'année d'après, devient de droit président, et ne peut pas être immédiatement réélu.

15. Les fonctions de président sont de proposer les sujets de délibération ou de discussion, de maintenir l'ordre et la décence dans l'assemblée, de dépouiller les scrutins, et d'en prononcer les résultats. Il est spécialement chargé de veiller à l'exécution des statuts et des réglements de l'Académie, et d'y rappeler ceux qui pourraient s'en écarter.

16. Le vice-président supplée le président

dans toutes ses fonctions : en cas d'absence de l'un et de l'autre, l'Académie est présidée par le président de l'année précédente; à défaut de celui-ci, par le doyen d'âge des académiciens.

17. Les fonctions de secrétaire perpétuel sont de recueillir en substance tout ce qui est proposé, examiné et résolu dans les séances de l'Académie; de tenir note des lectures et rapports, ou discours, qui y sont faits; de dresser du tout un procès-verbal, qui, après avoir été lu en séance et approuvé par l'Académie, est consigné dans un registre à ce destiné; d'entretenir la correspondance, soit avec le ministère, soit avec l'école de Rome, soit avec les particuliers; de signer, conjointement avec le président, tous les actes et rapports de l'Académie; d'en délivrer au besoin des copies ou extraits certifiés; de rédiger les mémoires de l'Académie, et les notices historiques de la vie et des ouvrages des académiciens décédés; de surveiller le dépôt de tous les actes, titres, papiers et registres concernant l'institution et les travaux de l'Académie.

18. En cas d'absence momentanée, de maladie ou de mort, le secrétaire perpétuel est remplacé dans l'intérim par le vice-président, ou, à défaut de celui-ci, par le plus anciennement élu des membres présents.

19. En exécution de l'art. 5 de l'ordonnance du roi, du 21 mars 1816, l'Académie nomme

dans la première séance de chaque année, deux de ses membres pour faire partie de la commission centrale chargée de régir et d'administrer les propriétés communes aux quatre Académies (qui composent l'Institut), et les fonds y affectés. Ces commissaires sont élus chacun pour un an, et sont toujours rééligibles.

20. Le président, le vice-président, le secrétaire perpétuel, et les deux membres de la commission centrale administrative, désignée dans l'article précédent, forment un comité qui, aux termes de l'article 6 de la susdite ordonnance, est chargé de régir, au nom de l'Académie, ses propriétés et fonds particuliers, et de proposer l'état annuel de ses dépenses.

21. L'Académie nomme encore, au commencement de l'année, une commission dont l'objet est de prendre communication des discours, notices historiques et rapports de ses travaux, que le président, le secrétaire ou tout autre académicien est chargé de faire au nom du corps. Cette commission est composée de cinq membres, pris dans les cinq sections, et d'un sixième choisi parmi les académiciens libres. Ces commissaires sont toujours rééligibles.

Tenue des séances.

22. Les séances ordinaires et les séances

publiques de l'Académie sont tenues par le bureau.

23. Les séances ordinaires de l'Académie ont lieu le samedi de chaque semaine; elles commencent à trois heures après midi, et ne doivent pas durer plus de deux heures.

24. Si le samedi est un jour de fête, la séance est remise à un autre jour; les académiciens sont prévenus de ce changement par des billets à domicile.

25. Lorsqu'il y a lieu, le bureau peut convoquer une assemblée extraordinaire.

26. Aucune personne, hors les membres dont est composée l'Académie et ses correspondants, les membres et correspondants des autres Académies faisant partie de l'Institut, ne peut assister aux assemblées ordinaires ou extraordinaires, si elle n'y est admise par le bureau sur la présentation d'un académicien.

27. La première séance du mois d'octobre est rendue publique.

28. Dans cette séance publique, le secrétaire perpétuel rend compte des travaux de l'Académie pendant le cours de l'année. Il lit les notices historiques des académiciens décédés. Il proclame les noms des élèves des beaux-arts qui ont remporté les grands prix de peinture, de sculpture, d'architecture, de gravure, et de composition musicale. Le président leur distribue les médailles et les couronnes.

Attributions de l'Académie.

29. L'Académie dirige spécialement les concours qui ont lieu annuellement pour les grands prix de peinture, de sculpture, architecture, gravure, et composition musicale. Elle en donne les sujets, en rédige les programmes, en juge les résultats; et, lorsque ses jugements sur les différents concours sont prononcés, elle en fait part au ministre de l'intérieur.

30. Dans sa séance publique du mois d'octobre, elle proclame les noms des élèves qui ont remporté les grands prix, et leur en fait la distribution solennelle.

31. Lorsqu'il vient à vaquer une place de professeur, soit à l'École royale des Beaux-Arts de Paris, soit à celles des départements, l'Académie présente au ministre (après qu'il en a fait la demande) un des candidats entre lesquels est choisi le sujet qui doit remplir les fonctions vacantes.

32. L'Académie, d'après le renvoi qui lui est fait par le ministre, des rapports du directeur de l'école de Rome, ainsi que des ouvrages et morceaux d'étude des pensionnaires, juge du progrès des élèves, de la manière dont ils remplissent les obligations qui leur sont imposées, de l'état enfin de l'établissement et des améliorations dont il peut paraître susceptible. Elle consigne ses observations à ce

sujet dans un rapport qu'elle adresse au ministre pour être transmis au directeur, et par lui, lorsqu'il y a lieu, communiqué aux pensionnaires.

33. Tous les six ans, à l'époque du renouvellement du directeur de l'école de Rome, ou en cas de rappel ou de mort, l'Académie, sur la notification du ministre, présente trois candidats pour la place à donner.

Travaux de l'Académie.

34. Les séances que l'Académie ne consacre pas à l'exercice des attributions ci-dessus énoncées, sont employées, soit à la lecture des mémoires et dissertations de ses membres ou des étrangers admis par le bureau à lui faire part de leurs recherches, soit à examiner les découvertes, les procédés nouveaux ou les nouvelles applications d'anciens procédés dont le gouvernement ou les particuliers lui soumettent le jugement. Elle discute les articles du *Dictionnaire général des beaux-arts* qu'elle est appelée à composer, d'après la rédaction d'une commission spéciale formée dans son sein, qui prépare chaque article, et le soumet, après deux lectures, à l'adoption de l'assemblée générale.

35. L'Académie étant formée pour s'occuper de tout ce qui peut contribuer aux progrès et au perfectionnement des différentes parties des beaux-arts, donne son avis motivé sur

tous les projets, problèmes, difficultés ou questions d'art qui lui sont adressés par le gouvernement; et, s'il est nécessaire, elle accompagne son rapport de dessins ou de modèles pour faciliter l'intelligence du sujet. Elle propose tous les projets d'amélioration dont l'étude des beaux-arts est susceptible.

Commissions.

36. Pour préparer, faciliter et exécuter les différents travaux dont l'Académie est chargée par les statuts, ou peut l'être accidentellement sur les demandes qui lui sont adressées, elle nomme plusieurs sortes de commissions, les unes permanentes, les autres annuelles, quelques-unes dont l'existence n'a d'autre durée que celle du travail qui leur est confié.

37. L'Académie, selon la nature des questions et des travaux, peut inviter des membres d'autres Académies faisant partie de l'Institut à y prendre part, et les associer à ses commissions.

38. Les membres du bureau peuvent assister à toutes les commissions, et y ont voix délibérative, mais ne composent pas nécessairement le bureau de ces commissions.

Nominations, élections et délibérations par scrutin.

39. Dans le cours du mois qui suit l'an-

nonce de la vacance d'une place d'académicien, membre des sections, l'Académie délibère s'il y a lieu, ou non, de procéder à la remplir, après avoir entendu sur ce sujet le rapport de la section dans laquelle la place est vacante.

40. Si l'Académie juge qu'il n'y a pas lieu de procéder au remplacement, elle délibère six mois après, et ainsi de suite.

41. Lorsque l'Académie a décidé qu'il y a lieu de remplacer, les membres des cinq sections sont convoqués pour la séance suivante. La section dans laquelle la place est vacante présente trois candidats au moins, dans l'ordre de préférence qu'elle leur accorde. Le mérite des candidats présentés par la section est discuté par l'Académie, qui peut ajouter à la liste de présentation de nouveaux candidats, pourvu qu'ils obtiennent la majorité absolue des votes.

42. Dans la séance qui suit celle de cette discussion, séance pour laquelle tous les membres sont de nouveau convoqués, si les deux tiers sont présents, l'on procède à l'élection, à la majorité absolue des suffrages et par la voie du scrutin, ainsi qu'il sera expliqué ci-après.

43. Lorsque la place de secrétaire perpétuel vient à vaquer, l'Académie procède à sa nomination dans les mêmes formes que pour les nominations d'académiciens, avec ces deux

différences, 1° qu'elle ne délibère pas s'il y a lieu, ou non, d'élire; 2° que la liste des candidats est formée par une commission de cinq membres, pris dans les cinq sections.

44. Lorsqu'une place d'académicien libre vient à vaquer, il est procédé à l'élection dans les formes ci-dessus. Mais l'Académie ne délibère point s'il y a lieu, ou non, à remplacement; et la liste des candidats est formée par une commission de cinq membres pris dans les cinq sections, et d'un sixième pris dans la classe des académiciens libres.

45. Le mode indiqué dans l'article précédent a lieu pour la nomination des associés étrangers, et pour celle des correspondants, dont il sera parlé ci-après.

Diverses sortes de scrutin.

46. L'Académie procède diversement aux scrutins qui ont lieu soit dans ses délibérations, soit pour les différentes nominations et élections qu'elle doit faire.

47. Dans les discussions où il s'agit de recueillir ses avis, elle vote par voie d'appel nominal, et à la majorité absolue des suffrages, à moins qu'un membre ne réclame la voie du scrutin secret.

48. S'il s'agit d'un choix d'ouvrages, de projets, de programmes, etc., l'Académie procède par scrutin secret, et décide d'avance s'il y a

lieu d'exiger la majorité absolue, ou de se contenter de la majorité relative.

49. S'il s'agit de nommer les membres des commissions passagères et accidentelles, on procède à ces nominations (à moins que l'Académie n'en charge le bureau), soit par scrutin secret individuel, soit par scrutin de liste secret, et à la simple pluralité relative, s'il n'en est autrement décidé d'avance.

50. Les membres du bureau, ceux des commissions permanentes ou annuelles, les associés étrangers et les correspondants, sont élus à la majorité absolue, et par la voie du scrutin secret et de ballottage, tel qu'il va être défini.

51. Si le premier tour de scrutin ne donne pas de majorité absolue, on procède à un second. S'il n'en résulte point encore de majorité absolue, on fait un scrutin de ballottage entre les deux candidats qui ont réuni le plus de votes. Un seul ayant plus de suffrages que tous les autres, sans avoir la majorité absolue, s'il s'en trouvait deux ou plusieurs qui eussent un nombre égal de suffrages, le scrutin de ballottage se fait d'abord entre ceux-ci, jusqu'à ce que l'un d'eux soit supérieur aux autres en suffrages obtenus, et ce dernier est ballotté ensuite avec celui qui a eu le premier la majorité relative. Si les suffrages se trouvent partagés également entre deux candidats, le ballottage est réitéré dans la même séance,

jusqu'à ce que l'un des deux noms réunisse la majorité requise.

52. Les académiciens membres des sections, le secrétaire perpétuel et les académiciens libres, sont nommés à la majorité absolue, et par la voie du scrutin secret, mais réitéré sans ballottage, jusqu'à ce que, par la réunion de plus de la moitié des suffrages, l'un des candidats obtienne la majorité absolue.

53. Les séances consacrées aux nominations sont secrètes, c'est-à-dire que ni les étrangers, ni même les correspondants de l'Académie, ne peuvent y être admis.

54. Les nominations des académiciens, du secrétaire perpétuel, des académiciens libres et des associés étrangers, sont soumises à l'approbation du roi.

Des indemnités.

55. Chacun des membres qui composent les sections de l'Académie jouit de l'indemnité entière de 1,500 fr., qui lui est accordée par l'ordonnance du roi du 21 mars 1816; cependant il est prélevé sur cette indemnité une somme de 300 fr. pour former un fonds de droits de présence à répartir seulement entre les membres qui assistent aux séances de l'Académie.

56. A cet effet, et pour constater cette assis-

tance, chacun signe en entrant une liste de présence, qui est close et arrêtée par le secrétaire, au moment de l'ouverture de la séance.

57. Les droits de présence des absents, quel que soit le motif de leur absence, accroissent à ceux qui assistent à la séance (1).

58. Il est fait encore une retenue sur chaque indemnité, pour subvenir aux frais des funérailles des académiciens décédés (2).

59. Tout membre qui s'absente plus d'une année sans l'agrément de l'Académie est censé avoir donné sa démission, à moins qu'il n'ait reçu une mission ou une autorisation expresse du gouvernement.

Des correspondants.

60. Le nombre des correspondants de l'Académie ne peut pas excéder celui de quarante. Ils sont choisis parmi les étrangers et les régnicoles non domiciliés à Paris, qui, par leurs connaissances, leurs talents et leurs ouvrages, sont propres à seconder l'Académie dans ses travaux.

61. Ils sont élus, ainsi qu'il a été dit (art.

---

(1) L'Académie a dérogé à cet article, par arrêté du 4 novembre 1820, en faveur des octogénaires.

(2) Cette retenue a été abolie du consentement des quatre Académies, à compter du mois de juillet 1820.

50), sur une liste de candidats, présentée par une commission de six membres, dont cinq sont pris dans les cinq sections, et le sixième dans la classe des académiciens libres.

62. Lorsqu'ils se trouvent à Paris, les correspondants assistent aux séances de l'Académie, et prennent part à toutes les discussions qui ont les arts pour objet.

Certifié conforme :

Le secrétaire perpétuel,

Signé QUATREMÈRE DE QUINCY.

Certifié conforme pour être annexé à l'ordonnance du 9 juillet 1816 :

Le ministre secrétaire d'état de l'intérieur,

Signé LAINÉ.

Pour ampliation :

Le secrétaire général, membre de la chambre des députés, chevalier de Saint-Louis et de la Légion d'honneur,

Signé PAULINIER DE FONTENILLE.

RECUEIL

DES

RÉGLEMENTS

RELATIFS AUX CONCOURS OUVERTS ET AUX GRANDS PRIX DÉCERNÉS PAR L'ACADÉMIE ROYALE DES BEAUX-ARTS.

ACADÉMIE ROYALE
DES BEAUX-ARTS.

RÉGLEMENTS
RELATIFS AUX CONCOURS OUVERTS
ET AUX GRANDS PRIX DÉCERNÉS
PAR L'ACADÉMIE ROYALE DES BEAUX-ARTS.

DISPOSITIONS GÉNÉRALES.

ART. 1er. Il est ouvert tous les ans un concours public en peinture, en sculpture, en architecture et en musique.

2. Il est ouvert tous les deux ans un concours public de gravure en taille-douce.

3. Il est ouvert tous les quatre ans un concours public pour la gravure en médaille et pierre fine.

4. Il est ouvert tous les quatre ans un concours public pour le paysage historique.

5. Pour être admis à concourir, il faut être Français, ou naturalisé Français, et n'avoir pas

trente ans accomplis à l'époque fixée pour le 1er essai.

6. Les concours se composent de deux concours d'essai et d'un concours définitif.

7. L'Académie royale des Beaux-Arts de l'Institut détermine, d'après les deux concours d'essai, le nombre des élèves admissibles, et choisit, selon le mode ci-après indiqué, les concurrents qui seront admis au concours définitif.

8. L'Académie royale des Beaux-Arts fixe chaque année les époques, la succession et la durée des concours, dans les différents arts, et son secrétaire perpétuel en donne connaissance à l'École royale des Beaux-Arts (*).

9. Le tableau des dispositions générales est affiché dans les écoles, huit jours d'avance au moins.

10. Les concours de chaque année sont jugés successivement dans l'ordre déterminé par l'Académie.

11. Les ouvrages des concurrents (pour chaque concours définitif) sont rendus publics et exposés dans les salles de l'École pendant trois jours consécutifs; ces expositions sont annoncées par les journaux.

(*) ARRÊTÉ DE L'ACADÉMIE. — *Séance du 2 février* 1833.

« Il ne sera désormais fait droit à aucune réclamation « de la part des concurrents aux grands prix, pour ob- « tenir des jours de travail supplémentaires, qu'après « avoir reçu de l'administration de l'École, un rapport « sur toute demande de ce genre qui lui serait présentée. »

12. Le jugement ne doit avoir lieu qu'après cette exposition publique.

13. Sont exceptés des dispositions de ces deux derniers articles, les ouvrages de composition musicale.

14. L'Académie royale des Beaux-Arts, dans sa séance publique du premier samedi d'octobre, distribue les prix qui auront été remportés dans les concours de l'année.

15. Les premiers prix consistent dans une couronne et une médaille en or de la valeur de 200 francs.

16. Ceux qui ont remporté les premiers prix, vont, aux frais de l'État, passer à Rome, ou en d'autres lieux, suivant la nature des différents arts, un nombre d'années, ainsi qu'il est spécifié ci-après.

17. Ceux qui remportent les seconds prix reçoivent une médaille d'or de la valeur de 120 francs, et jouissent de l'exemption du service militaire accordée à tous ceux qui obtiennent les grands prix des beaux-arts.

18. Nul concurrent, ayant déjà remporté un second grand prix, ne pourra en recevoir un autre du même genre dans les concours subséquents.

19. (*) Il sera donné connaissance aux concurrents, avant d'entrer en loge, tant des ré-

(*) Cette mesure a été prescrite par décision du ministre, en date du 29 octobre 1816.

glements sur les concours, que des obligations qui sont imposées à ceux qui remporteront le premier grand prix, relativement au départ pour Rome, afin qu'ils ne puissent, par ignorance de ces obligations, contracter des engagements qui les mettraient hors d'état de partir dans l'espace du temps prescrit.

20. Tous les concurrents reçoivent une indemnité pour frais d'exécution du concours (*).

21. Cette indemnité ne leur est accordée qu'après qu'ils ont produit un certificat portant qu'ils n'ont commis dans les loges où ils ont exécuté leur ouvrage, aucune dégradation.

22. Les concurrents sont responsables de toute dégradation dont ils seront les auteurs; et lorsqu'ils seront installés en loge, des commissaires constateront en leur présence l'état des lieux, et le vérifieront de même à la fin du concours.

(*) Cette indemnité a été jusqu'à présent réglée ainsi qu'il suit :

Pour chaque concurrent peintre	150 fr.
Pour chaque sculpteur	150
Pour chaque architecte	100
Pour chaque musicien	50
Pour chaque graveur en taille-douce	100
Pour chaque graveur en médaille et pierre fine	150
Pour chaque paysagiste	100

RÉGLEMENTS

POUR LES CONCOURS ANNUELS

AUX GRANDS PRIX DE PEINTURE.

Premier essai.

1. En peinture, le premier concours se fait ordinairement dans la première quinzaine de mai, à moins que la nature des concours, variable chaque année, soit pour la gravure en taille-douce, la gravure en médaille et pierre fine, ou le paysage historique, ne détermine l'Académie à changer cette époque.

2. Le jour indiqué pour le premier concours d'essai, les professeurs de la section de peinture de l'École se réunissent à 7 heures du matin, et procèdent (suivant le mode déterminé par l'Institut : voir les § 50, 51, 52, 53 et 54, relatifs au choix du sujet pour le concours définitif) au choix du programme pour le premier concours d'essai.

3. Le programme est dicté aux concurrents par le secrétaire perpétuel de l'École, lequel peut être assisté d'un professeur n'ayant pas d'élève au nombre des concurrents.

4. Le sujet de l'esquisse est pris dans la mythologie ou dans l'histoire.

5. La mesure des toiles pour ce premier essai est celle dite de 6. *Trois cent vingt-quatre millimètres sur quatre cent cinq millimètres* (12 pouces sur 15 pouces).

6. L'esquisse doit être terminée dans le jour; les concurrents ne peuvent sortir de la salle du concours qu'après la remise de leur composition.

7. Les esquisses sont signées le soir même par le professeur en exercice.

8. Les concurrents mettent leur nom au revers de leur esquisse.

Jugement du premier essai.

9. La section de peinture de l'Académie, réunie aux membres du bureau, se rassemble, au jour indiqué, dans le lieu d'exposition des esquisses, sur lesquelles sont placés les numéros d'ordre de l'exposition, et les noms et prénoms de chacun des concurrents, leur âge, le lieu de leur naissance, et le nom de leur professeur.

10. Il est décidé d'abord, à la majorité absolue des suffrages, recueillis au scrutin secret, s'il y a lieu, ou non, à admettre les concurrents au second concours d'essai.

11. Si l'affirmative est adoptée, il est procédé de suite, et *par scrutin de liste à la pluralité relative*, au choix des esquisses qui mériteront à leurs auteurs de passer au second concours d'essai, d'après le modèle vivant, comme il sera dit ci-après.

12. Le nombre des élèves à admettre au second concours d'essai ne pourra excéder vingt; mais il pourra être restreint au-dessous, dans

le cas où il ne se trouverait pas vingt élèves arrivés au même degré de talent nécessaire pour que la lutte entre les concurrents soit profitable à eux-mêmes et honorable dans l'opinion publique.

13. Les esquisses admises par ce premier jugement sont enfermées et mises sous la garde de l'agence, qui ne les produit que lors du jugement du second concours d'essai dont elles font essentiellement partie.

14. Immédiatement après le prononcé du jugement, les noms des élèves admis au second concours d'essai sont affichés dans les écoles.

Second concours d'essai.

15. Le second concours d'essai est toujours effectué dans la quinzaine qui suit le jugement du concours du premier essai. (*Un réglement particulier fixe l'ordre à suivre pour ce concours.*)

16. Ce second concours d'essai consiste dans l'exécution d'une figure nue, peinte d'après le modèle vivant, et posée par le professeur en exercice.

17. Il a lieu dans une des salles de l'École, préparée pour ce service, et de la manière propre à faciliter le travail des concurrents.

18. La mesure de la toile pour la figure peinte, est celle dite de 25, *six cent quarante-*

huit millimètres sur huit cent dix millimètres (24 pouces sur 30 pouces.)

19. Ce second concours est jugé, comme le premier, par la section de peinture réunie au bureau de l'Académie royale des Beaux-Arts.

20. Les mêmes formes de jugement y sont observées; mais, dans le scrutin, la majorité absolue des suffrages est requise. Les suffrages désignent les ouvrages par les lettres ou les numéros qui leur ont été apposés.

21. Le jugement devant porter tout à la fois sur la figure peinte ainsi que sur l'esquisse du premier concours, celle-ci doit être réunie à la figure, et toutes deux indiquées par un seul et même numéro, ou par une seule et même lettre; le nom de l'auteur est écrit au bas de l'ouvrage, ainsi que ses prénoms, son âge, le lieu de sa naissance, et le nom de son professeur.

22. Le nombre des élèves admis par ce second jugement à concourir définitivement pour les grands prix ne doit être que de dix au plus.

23. Toutefois ce nombre est susceptible d'être restreint selon le degré de force ou de talent des concurrents, ainsi qu'il a été dit plus haut.

24. Le soir du jour où le second concours d'essai a été jugé, les noms des élèves admis au concours définitif sont affichés dans l'École, ainsi que la désignation du jour fixé pour le concours définitif.

CONCOURS DÉFINITIF

DES GRANDS PRIX DE PEINTURE.

25. Le concours définitif des grands prix de peinture commence ordinairement dans la semaine qui suit le jugement du concours du second essai.

26. Ce concours consiste dans l'exécution d'un tableau d'histoire, dont la toile, de mesure dite de 80, aura *un mètre quatre cent soixante-cinq millimètres sur un mètre cent trente-sept millimètres* (4 pieds 6 pouces sur 3 pieds 6 pouces.)

27. Le jour fixé pour l'ouverture de ce concours définitif, les membres de la section de peinture, joints aux membres du bureau, sous la présidence du président de l'Académie, se réunissent à 7 heures du matin, terme de rigueur, dans la salle ordinairement assignée pour cette séance, où ils procèdent au choix du sujet que les concurrents auront à traiter, ainsi qu'il est dit ci-après.

28. Chaque membre présent peut désigner à volonté un ou plusieurs sujets du genre qu'on nomme historique.

29. La section choisit ensuite, par la voie du scrutin individuel, et à la majorité absolue, trois des sujets proposés.

30. Les titres de ces trois sujets sont ensuite mis dans l'urne, et le sort en fait sortir un seul,

lequel devient le sujet du concours; et de suite il est procédé à la rédaction de ce sujet, dont il est fait autant de copies qu'il y a de concurrents.

31. Le sujet choisi, rédigé, sans qu'aucun des membres présents ait pu désemparer, le secrétaire perpétuel de l'Académie, accompagné de deux commissaires, autant qu'il est possible ne comptant pas d'élèves parmi les concurrents, en porte sur-le-champ le programme aux concurrents assemblés dans les loges, et leur en fait lecture.

32. Ce programme doit être remis à neuf heures du matin au plus tard, et plus tôt s'il est possible. Les membres de la section restent en permanence jusqu'au retour des commissaires, afin d'être en état (s'il y avait lieu) d'opérer quelque changement dans la rédaction du programme.

33. Après que les concurrents ont reçu chacun une copie du programme, et une feuille sur laquelle ils doivent, dans une mesure donnée, tracer distinctement leur esquisse, on leur lit les réglements qui prescrivent l'ordre et les conditions à observer pour la sûreté et la régularité des concours, et ils entrent de suite dans les loges qu'ils choisissent selon leur ordre d'admission par le dernier jugement.

34. Les concurrents doivent avoir terminé leur esquisse dans douze heures.

35. Pendant ces douze heures, aucun des concurrents ne doit, ni sortir de sa loge, ni

communiquer avec qui que ce soit du dehors. Aucune exception n'est admise à cet égard.

36. L'esquisse du tableau est, après la douzième heure, reçue par le professeur du mois en exercice, accompagné de l'agent de l'École.

37. Le professeur et l'élève signent et l'esquisse et le calque; l'agent recueille ces esquisses dans un portefeuille qui est revêtu du sceau de l'École, et qui est remis à la garde de l'agent, pour être reproduit, sous sa responsabilité, le jour de l'exposition du concours.

38. Les calques restent entre les mains des concurrents.

39. La durée du concours en loge est de soixante-douze jours de travail, compris la séance de la composition de l'esquisse, qui est faite le jour de la dictée du programme du concours par l'Académie des Beaux-Arts.

40. Les loges sont fermées les dimanches et fêtes. Aucun jour supplémentaire ne peut être accordé que pour cause majeure et toujours par décision de l'Académie, sur le rapport motivé par l'administration de l'École royale des Beaux-Arts.

41. La surveillance et le maintien de l'ordre à observer dans les concours, sont attribués à ladite administration de l'École.

42. Aucun concurrent ne peut soustraire son ouvrage à l'exposition, sous prétexte qu'il en est mécontent ou qu'il n'est pas terminé. Tous les ouvrages doivent être exposés, quel que soit le degré de fini; et dans le cas

où un des concurrents peintres aurait détruit son travail, cette contravention à l'ordre établi sera rendue publique de la manière que décidera l'Académie royale des Beaux-Arts (*).

43. A l'époque déterminée par l'Académie, et le concours étant clos, les tableaux sont déposés sous le scellé dans un lieu aéré, pour y sécher jusqu'au jour fixé pour vernir et préparer l'exposition.

44. La pose et la levée du scellé sont effectuées en présence des concurrents par le secrétaire perpétuel de l'École.

45. La levée du scellé a lieu le matin du jour précédant l'exposition publique.

46. L'agent de l'École royale des Beaux-Arts est chargé spécialement de tout ce qui concerne l'exécution des réglements relatifs à la surveillance à exercer sur les concurrents, soit dans leurs travaux, soit eu égard au bon ordre, à la décence et à la tranquillité qui doivent régner dans les concours.

47. Si quelque difficulté imprévue entravait l'exécution du réglement, l'agent devra en faire immédiatement rapport à l'administration de l'École, qui, aux termes du paragraphe 63, ayant dans ses attributions la haute surveillance des concours, prononcera sur le point en litige, ou en réfèrera à l'Académie,

(*) Les anciens réglements prescrivaient que l'Académie prononçait, s'il y avait lieu, l'exclusion du concours pour l'année suivante.

par un rapport adressé à son secrétaire perpétuel. Celui-ci, après avoir consulté l'Académie, transmettra sa décision à l'administration de l'École, pour en ordonner l'exécution immédiate.

EXPOSITION PUBLIQUE.

48. Les tableaux étant vernis, sont exposés, sur le même front, à la hauteur de *un mètre deux cent quatre-vingt-dix-huit millimètres* (4 pieds.)

49. L'ordre de réception au concours ne peut être interverti pour le placement de chaque tableau, lesquels doivent prendre le jour sur le même angle.

50. Les esquisses sont retirées de dessous le scellé, et placées sous verre au bas de chaque tableau exposé.

Jugement du concours définitif.

51. Le jugement définitif a toujours lieu le dernier samedi de septembre.

Jugement préparatoire.

52. Le jour assigné pour le jugement des grands prix, la section de peinture, présidée par le bureau de l'Académie, s'assemble à dix heures du matin dans les salles de l'École (ou de l'exposition), pour examiner, dans un jugement préparatoire, les ouvrages exposés avec leurs esquisses. Elle fait vérifier par deux commissaires qu'elle choisit parmi ses membres (à l'exception de ceux qui pourraient

avoir des élèves au concours), si tous les concurrents ont rempli les données du programme, et se sont conformés à leurs esquisses.

53. Sur le rapport de ces commissaires, la section propose d'exclure du concours ou d'y maintenir les concurrents, selon que les ouvrages donnent lieu à quelque reproche de contravention ou en sont exempts.

54. La section décide ensuite, mais provisoirement, par la voie du scrutin, et à la majorité des suffrages, 1° dans le cas de l'affirmative, s'il y aura lieu à décerner un premier grand prix; 2° à quel ouvrage elle est d'avis que ce grand prix soit décerné; 3° s'il y a lieu à décerner un second grand prix.

55. Dans le cas où la section croirait qu'il pourrait y avoir lieu à décerner un deuxième second grand prix, ou de faire quelques mentions honorables d'autres ouvrages, la section décide ces questions provisoirement, et par les mêmes formes de scrutin.

56. L'opinion de la section sur le mérite absolu ou relatif des ouvrages est recueillie et sommairement motivée dans un procès-verbal signé du président et du secrétaire.

Jugement définitif.

57. A une heure après midi, l'Académie royale des Beaux-Arts s'assemble dans le même local.

58. L'assemblée formée, le secrétaire per-

pétuel fait lecture du procès-verbal de la séance de la section, lequel contient son jugement préparatoire, et les motifs de son jugement.

59. Ensuite l'assemblée charge deux commissaires pris parmi ses membres, autres que ceux qui auraient des élèves concurrents, de lui faire un rapport sur la question de savoir si toutes les conditions des concours et du programme ont été fidèlement remplies par tous les concurrents, et si les ouvrages sont conformes aux esquisses.

60. D'après ce rapport, l'Académie décide si les concurrents sont maintenus dans le concours, ou si quelqu'un en sera exclu.

61. Ensuite le président pose cette première question : Y a-t-il lieu à décerner un premier grand prix?

62. Si l'affirmative est décidée, l'Académie procède, par la voie du scrutin, et à la majorité des suffrages, au choix de l'ouvrage qui mérite le prix. Le scrutin porte la lettre ou le numéro de l'ouvrage.

63. Dans le cas contraire, où l'Académie croirait ne pas devoir décerner le premier grand prix, ce premier grand prix est tenu en réserve pour être délivré, s'il y a lieu, dans les concours suivants.

64. Le président consulte ensuite de la même manière l'Académie pour savoir s'il y a lieu à donner un second grand prix. Dans le cas de l'affirmative, il est procédé de même que pour le premier grand prix.

65. S'il est fait la proposition d'accorder, soit un deuxième second grand prix, soit quelque mention honorable, l'Académie délibère sur ces propositions, dans les mêmes formes et par les mêmes procédés de scrutin.

66. Les concurrents qui auraient précédemment remporté un second grand prix, ne pourront prétendre qu'au premier.

67. L'agent doit également placer sur les ouvrages, après que le premier prix a été donné, un signe qui indique ceux des auteurs qui ont remporté un second grand prix.

68. Les noms de ceux qui ont remporté les prix sont publiés à mesure des jugements.

69. Dans la séance publique de l'Académie royale des Beaux-Arts, les grands prix sont distribués, et les noms des artistes qui les ont remportés sont proclamés.

70. Le secrétaire perpétuel de l'Académie fait connaître au ministre le résultat des concours définitifs pour les grands prix, après que tous les jugements sont terminés.

71. Il est tenu par le secrétaire perpétuel de l'Académie un registre particulier, contenant les procès-verbaux de toutes les séances de jugements des concours.

RÉGLEMENTS

POUR LES CONCOURS ANNUELS

DES GRANDS PRIX DE SCULPTURE.

Premier essai.

1. Le concours du premier essai en sculpture se fait ordinairement dans la seconde quinzaine de mai.

2. Le jour indiqué pour le premier concours d'essai, le président, le secrétaire perpétuel et les professeurs de la section de sculpture de l'École, se réunissent à sept heures précises du matin, et procèdent (suivant le mode déterminé par l'Académie: voir les §§ 50, 51, 52, 53 et 54, pour le choix du sujet pour le concours définitif) au choix du programme du premier concours d'essai.

3. Le sujet de l'esquisse est pris dans la mythologie ou dans l'histoire.

4. Le programme est dicté aux concurrents par le secrétaire perpétuel de l'École, qui peut être assisté d'un professeur n'ayant pas d'élève au nombre des concurrents.

5. La mesure dans œuvre des fonds, pour ce premier essai, est de *trois cent vingt-quatre millimètres, sur quatre cent cinq millimètres* (12 pouces sur 15 pouces). Un réglement particulier donnera les mesures secondaires relatives aux encadrements et bases.

6. Ces encadrements et bases doivent

être placés à angle droit sur la surface donnée.

7. Dans les concours du premier essai, du deuxième essai, ainsi que pour le concours définitif, les concurrents sculpteurs sont tenus d'employer la même espèce de terre, *la terre commune*, sous peine de mise hors de concours (*).

8. L'esquisse doit être terminée dans le jour; les concurrents ne peuvent sortir de la salle de concours qu'après la remise de leur composition.

9. Les esquisses sont timbrées le soir même par le professeur en exercice.

10. Les concurrents mettent leur nom sur leur esquisse.

Jugement du premier essai.

11. La section de sculpture de l'Académie, réunie aux membres du bureau, se rassemble, au jour indiqué, dans le lieu d'exposition des esquisses, sur lesquelles sont placés les numéros d'ordre de l'exposition et les noms des concurrents.

12. Il est décidé d'abord, à la majorité absolue des suffrages, recueillis au scrutin secret, s'il y a lieu, ou non, à admettre les concurrents au second concours d'essai.

13. Si l'affirmative est adoptée, il est pro-

(*) Décision du 26 octobre 1833.

cédé de suite, et *par scrutin de liste, à la pluralité relative,* au choix des esquisses qui mériteront à leurs auteurs de passer au second essai, d'après le modèle vivant, comme il sera dit ci-après.

14. Le nombre des élèves à admettre au second concours d'essai ne pourra excéder seize; mais il pourra être restreint, dans le cas où il ne se trouverait pas seize élèves arrivés au degré de talent nécessaire pour que la lutte entre les concurrents soit profitable à eux-mêmes et honorable dans l'opinion publique.

15. Les esquisses admises par ce 1er jugement sont enfermées et mises sous la garde de l'agence, qui les produit lors du jugement du second concours d'essai, dont elles font essentiellement partie.

16. Immédiatement après le prononcé du jugement, les noms des élèves admis au second concours d'essai sont affichés dans les écoles.

Second concours d'essai.

17. Le second concours d'essai a lieu dans la quinzaine qui suit le jugement du premier essai.

18. Ce second concours consiste dans l'exécution d'une figure nue, modelée d'après le modèle vivant, et posée par le professeur en exercice.

19. Il a lieu dans l'une des salles de l'École, préparée pour ce service, et de la manière propre à faciliter le travail des concurrents.

20. La mesure, dans œuvre, du fond, pour les figures modelées, est de *six cent quarante-huit millimètres, sur huit cent dix millimètres* (24 pouces sur 30), non compris la plinthe ou terrasse devant porter la figure.

Un réglement particulier donnera les mesures secondaires relatives aux encadrements et bases.

21. Ces encadrements et bases doivent être placés à angle droit sur le fond.

22. Ce second concours est jugé, comme le premier, par la section de sculpture, réunie au bureau de l'Académie royale des Beaux-Arts.

23. Les mêmes formes de jugement y sont observées; mais, dans le scrutin, la majorité absolue des suffrages est requise. Les suffrages désignent les ouvrages par les lettres ou les numéros qui leur ont été apposés.

24. Le jugement devant porter tout à la fois sur la figure modelée, ainsi que sur l'esquisse du premier concours d'essai, celles-ci doivent être réunies à la figure, et indiquées par un seul et même numéro, ou par une seule et même lettre; le nom de l'auteur est écrit au bas de l'ouvrage, ainsi que ses prénoms, son âge, le lieu de sa naissance et le nom de son professeur.

25. Le nombre des élèves admis, par ce second jugement, à concourir définitivement

pour les grands prix, ne doit être que de huit au plus.

26. Toutefois ce nombre est susceptible d'être restreint, selon le degré de force ou de talent des concurrents, ainsi qu'il a été dit plus haut.

27. Le soir du jour où le second concours d'essai a été jugé, les noms des élèves admis au concours définitif sont affichés dans l'École, ainsi que la désignation du jour fixé pour ce concours définitif.

CONCOURS DÉFINITIF

DES GRANDS PRIX DE SCULPTURE.

28. Le concours définitif des grands prix desculpture commence ordinairement dans la semaine qui suit le jugement du second essai.

29. Ce concours définitif consiste, suivant que l'Académie des Beaux-Arts l'aura déterminé (en rédigeant le programme le jour même du concours), dans un bas-relief, ou une figure entière de ronde bosse.

30. Les bas-reliefs seront modelés sur un fond de *un mètre cent trente-quatre millimètres, sur un mètre quatre cent cinquante-huit millimètres* (3 pieds 6 pouces, sur 4 pieds 6 pouces.) Ce fond est entouré, sur trois côtés, d'une bordure ayant *deux cent seize millimètres* de saillie (8 po.), et *vingt-sept millimètres* (1 po.) d'épaisseur; la base, sur la même saillie, aura *quarante millimètres* (1 po. $\frac{1}{2}$) d'épaisseur.

31. Les bordures et les bases doivent être placées à angle droit sur les surfaces données.

32. La proportion des figures de ronde bosse est fixée à un mètre de hauteur. Cette condition sera rigoureusement exécutée par les concurrents, et sera vérifiée, au défaut de la longueur totale de la figure, sur la mesure proportionnelle de ses membres.

33. Les plinthes auront autour une hauteur

uniforme de *quatre-vingt-un millimètres* (3 po.)

34. Soit pour le modelé du bas-relief, soit pour celui de la figure ronde bosse, les concurrents ne peuvent, sans encourir la mise hors de concours, employer qu'une même terre, la terre commune.

35. Le jour fixé pour l'ouverture de ce concours définitif, les membres de la section de sculpture, réunis aux membres du bureau, sous la présidence du président de l'Académie, se réunissent, à sept heures précises du matin, dans la salle ordinairement assignée pour cette séance, où ils procèdent au choix du sujet que les concurrents auront à traiter, ainsi qu'il est dit ci-après.

36. Avant de procéder au choix du sujet pour le concours des grands prix de sculpture, le sort ou la majorité absolue des suffrages décide si le sujet sera traité en bas-relief ou en ronde bosse.

37. Chaque membre présent peut désigner à volonté, un ou plusieurs sujets mythologiques, ou du genre qu'on nomme historique.

38. La section choisit ensuite, par la voie du scrutin individuél, ou à la majorité absolue des suffrages, trois des sujets proposés.

39. Les titres de ces trois sujets sont ensuite mis dans l'urne, et le sort en fait sortir un seul, lequel devient le sujet du concours; et de suite il est procédé à la rédaction de ce sujet, dont il est fait autant de copies qu'il y a de concurrents.

40. Le sujet choisi et rédigé, sans qu'aucun des membres présents ait pu désemparer, le secrétaire perpétuel de l'Académie, accompagné de deux commissaires, autant que possible ne comptant pas d'élèves parmi les concurrents, en porte sur-le-champ le programme aux concurrents assemblés dans les loges, et leur en fait lecture.

41. Ce programme doit être remis à neuf heures du matin au plus tard, ou plus tôt s'il est possible. Les membres de la section restent en permanence jusqu'au retour des commissaires, afin d'être en état, s'il y avait lieu, d'opérer quelque changement dans la rédaction du programme.

42. Après que les concurrents ont reçu chacun une copie du programme, on leur lit les réglements qui prescrivent l'ordre et les conditions à observer pour la sûreté et la régularité des concours, et ils entrent de suite dans les loges, selon leur ordre d'admission par le dernier jugement.

43. Si le programme demande un bas-relief, l'esquisse doit être exécutée sur le fond dont la mesure est prescrite § 100. Si le sujet doit être traité en ronde bosse, l'esquisse de la figure aura *trois cent trente-trois millimètres* (1 pied) de proportion, sur une plinthe de *vingt-sept millimètres* de hauteur.

44. Les concurrents doivent avoir terminé leur esquisse en douze heures.

45. Pendant ces douze heures, aucun des

concurrents ne doit, ni sortir de sa loge, ni communiquer avec qui que ce soit du dehors.

46. Les esquisses sont, après la douzième heure, reçues et timbrées du sceau de l'École par le professeur en exercice, assisté du secrétaire perpétuel et de l'agent de l'École.

47. Ces esquisses, signées sur la plinthe par les concurrents, sont immédiatement livrées au moulage, pour être moulées à creux perdu dans chaque loge.

48. Le plâtre du moulage doit être teint d'une couleur quelconque.

49. Pendant la durée du moulage, les concurrents ne peuvent entrer dans les loges.

50. Cette opération terminée, les esquisses sont enfermées dans un lieu aéré pour y sécher. Elles sont confiées à la garde de l'agent de l'École, et, sur sa responsabilité, elles doivent être reproduites par lui, lors de l'exposition publique du concours.

51. La surveillance et le maintien de l'ordre à observer dans les concours, sont attribués à l'administration de l'École royale des Beaux-Arts.

52. Aucun concurrent ne peut soustraire son ouvrage à l'exposition, sous prétexte qu'il en est mécontent, ou qu'il n'est pas terminé. Tous les ouvrages doivent être exposés, quel que soit le degré de fini; et dans le cas où un des concurrents sculpteurs aurait détruit son travail, cette contravention à l'ordre établi

sera rendue publique de la manière que décidera l'Académie royale des Beaux-Arts.

53. La durée du concours, non compris le temps du moulage des esquisses, est de soixante-douze jours de travail, les dimanches et fêtes déduits, à partir du moment de la dictée du programme du concours par ladite Académie.

54. Les soixante-douze jours étant expirés, et le concours étant clos le lundi soir précédant l'exposition publique, le lendemain les concurrents procèdent à la sortie de loge de leurs travaux.

55. Pendant le placement successif des bas-reliefs ou des figures de ronde bosse dans la salle d'exposition, aucun travail n'est permis dans les loges.

56. Lorsque tous sont placés, il est accordé une heure de travail dans la salle d'exposition, pour réparer les accidents qui ont pu avoir lieu par suite du transport.

57. Aucune personne autre que les concurrents, les surveillants du concours et les hommes de service, ne peuvent être admis dans la salle d'exposition pendant le placement du concours, et pendant l'heure de travail accordée. Les modèles en sont formellement exclus.

EXPOSITION PUBLIQUE.

58. Les travaux des concurrents sont exposés sur le même front, à la hauteur d'un mètre.

59. L'ordre de réception au concours ne peut être interverti pour le placement de chaque bas-relief ou figure, lesquels doivent prendre le jour sur le même angle.

60. Les figures de ronde bosse ou les bas-reliefs seront isolés, de manière à ce que, le jour du jugement, les barrières enlevées, les juges puissent circuler entre chacun.

61. Les figures de ronde bosse seront exposées entre deux barrières, pour que, pendant l'exposition, le public puisse les voir sous tous les aspects.

62. Les esquisses des concurrents sont exposées publiquement et dès le premier jour.

Jugement du concours définitif.

63. Le jugement du concours définitif a toujours lieu le second samedi après le deuxième jour de septembre.

Jugement préparatoire.

Voir les §§ 74, 75, 76, 77, 78.

Jugement définitif.

Voir les §§ 79 et suivants jusques et compris le § 95.

RÉGLEMENTS

POUR LES CONCOURS ANNUELS

DES GRANDS PRIX D'ARCHITECTURE.

Concours des grands prix d'architecture.

Art. 1er. Il y a deux concours pour les grands prix annuels d'architecture : le premier appelé *concours d'essai*, le second *concours définitif*.

L'époque de ces concours est fixée chaque année par l'Académie royale des Beaux-Arts, et annoncée par des avis affichés dans l'École au moins un mois d'avance.

2. Tous les élèves et étudiants en architecture sont admis indistinctement au concours d'essai, pourvu qu'ils soient Français ou naturalisés Français, et qu'ils n'aient pas trente ans accomplis.

3. Le but de ce concours d'essai étant d'éprouver les forces des élèves et de faire connaître ceux qui ont assez de capacité pour être admis au concours définitif, sont exemp-

tés du concours d'essai ceux qui auront précédemment donné de leur talent des preuves suffisantes.

Savoir :

1° Les élèves qui auront déjà obtenu un second grand prix.

2° Ceux qui auront déjà obtenu d'être admis en loge, et s'ils ont rendu en grand le projet sur lequel ils ont été admis.

3° Ceux qui, dans les concours d'émulation, ont obtenu une médaille sur projet rendu.

4. Le concours d'essai consiste dans l'esquisse d'un projet donné par le professeur en exercice dans l'École.

Les calques sont inadmissibles.

Les esquisses doivent être faites sans désemparer, dans le jour même où le sujet est donné, et être remises au professeur qui les signe et les paraphe.

5. Le lendemain matin, les esquisses sont exposées dans la salle de l'École par l'agent de l'École, en présence du professeur, et marquées chacune d'un chiffre ou d'une lettre.

Le même jour, à une heure précise, la section d'architecture de l'Académie royale des Beaux-Arts, réunie au bureau de cette Académie et présidée par lui, s'assemble dans la salle d'exposition, et elle choisit au scrutin les meilleures de ces esquisses, jusqu'au nombre nécessaire pour, avec celui des élèves exempts du concours d'essai (d'après l'art. 3

ci-dessus), compléter le nombre de trente, auquel est fixée la quantité d'élèves admissibles au concours définitif.

Concours définitif.

6. Le jour indiqué pour le concours définitif, la section d'architecture, réunie aux membres du bureau de l'Académie, se rassemble à sept heures du matin (terme de rigueur) dans une des salles de l'École, et sous la présidence du bureau, pour donner le programme du grand prix.

Chacun des membres présents peut proposer à volonté un ou plusieurs sujets, dont on forme une liste sur laquelle trois sujets, sont choisis par la voie du scrutin et à la majorité absolue.

Les titres de ces trois sujets sont ensuite mis dans l'urne, et le sort en fait sortir un seul, lequel devient le programme du concours; et de suite il est procédé à la discussion et à la rédaction définitive de ce programme.

Cette rédaction étant arrêtée sans qu'aucun des membres présents ait pu désemparer, le secrétaire perpétuel de l'Académie, accompagné de deux commissaires (dont l'un est l'auteur du programme), en porte sur-le-champ le programme aux concurrents assemblés dans le lieu du concours, et leur en fait lecture.

Ce programme doit être remis à neuf heures

du matin au plus tard, et plus tôt s'il est possible, au professeur en exercice, qui le dicte aux élèves, et garde la minute signée du président de l'Académie, pour y avoir recours s'il en était besoin.

7. Au moment de l'entrée du secrétaire perpétuel et des deux commissaires dans le lieu du concours où les concurrents sont assemblés, les portes en sont fermées, et dès ce moment les concurrents ne doivent avoir aucune communication avec le dehors.

8. Les membres de la section restent en permanence jusqu'au retour des commissaires, afin d'être en état d'opérer quelque changement dans la rédaction du programme, s'il y avait lieu.

9. Les esquisses faites d'après le programme proposé doivent être arrêtées à l'encre d'une manière invariable. A mesure qu'elles sont terminées, les élèves les remettent au professeur, qui y appose un numéro et les signe. Elles doivent toutes être rendues et consignées le lendemain à sept heures précises du matin.

A neuf heures, l'agent de l'École, en présence du professeur, expose les esquisses avec le programme dans la salle de l'École.

A une heure du même jour, la section d'architecture, avec les membres du bureau, s'assemble dans la salle d'exposition. Deux commissaires choisis, s'il se peut, parmi les membres qui n'ont point d'élèves dans le concours, examinent les esquisses pour vérifier si elles sont conformes aux mesures et aux conditions prescrites par le programme, et en font leur rapport.

D'après ce rapport, la section juge s'il y a lieu d'exclure quelque esquisse du concours.

10. Le secrétaire perpétuel fait lecture du programme. Le président pose ensuite cette question : *Y a-t-il lieu ou non d'admettre des concurrents à concourir pour le grand prix?*

Cette question étant résolue par l'affirmative, il est procédé successivement, par la voie du scrutin individuel, et à la majorité absolue des suffrages, au choix des meilleures esquisses.

11. Le nombre des concurrents à choisir sur leurs esquisses est de huit (nombre égal à celui des loges), si toutefois il y a lieu à en nommer huit.

12. Ensuite de ce jugement, tous les concurrents admis sont réunis l'un des jours suivants dans une salle de l'École, où, en présence de l'agent, chacun d'eux tire un calque au *crayon* de son esquisse pour l'exécution en grand de son projet. Aucun d'eux ne peut calquer à l'encre, ni séparément de ses concurrents.

Ce même jour, il est fait lecture aux concurrents réunis, des réglements qui prescrivent l'ordre et les conditions à observer pour la régularité des concours.

13. Les esquisses originales admises à concourir sont signées du professeur, réunies en une

boîte fermée à deux clefs, scellée du sceau de l'École, remise avec l'une des clefs à la garde de l'agent général de l'École. La deuxième clef reste entre les mains du secrétaire perpétuel de l'École.

14. Les loges destinées à recevoir les concurrents sont choisies par chacun d'eux, suivant l'ordre dans lequel leurs esquisses ont été admises.

15. Les concurrents sont mis sous la surveillance de l'agent de l'École et du professeur d'architecture, chargés de faire observer tous les réglements relatifs à la police.

Les concurrents prennent chaque jour la clef de leur loge chez l'agent, et la lui remettent toutes les fois qu'ils sortent.

Il ne doit, sous aucun prétexte, y avoir ni feu, ni lumière.

Ils n'y doivent recevoir aucune personne, excepté l'agent, sous peine d'être exclus du concours.

16. Les concurrents sont ténus de dessiner dans leur loge, non-seulement leurs projets au net, mais encore les études de ces projets, qu'il est expressément défendu d'apporter du dehors. Celui qui sera pris en contravention sera mis hors de concours.

A cet effet, tous les papiers destinés soit aux *études*, soit aux *dessins au net*, seront exactement visés et contresignés sur les collures par le professeur auquel les dessins au net seront remis aussitôt qu'ils seront terminés.

Jugement du concours définitif.

17. Le jour fixé par le programme pour la remise des projets mis au net, l'agent fera exposer (sans lettres ni numéros) les projets rendus, et les esquisses originales qui y correspondent, dans la salle de l'École, en sorte qu'ils puissent être vus trois jours par le public.

18. Au jour désigné pour le jugement, la section d'architecture, réunie aux membres du bureau, s'assemble à dix heures du matin dans la salle d'exposition, pour procéder au jugement préparatoire des projets exposés. Les ouvrages seront distingués par lettres ou numéros.

Deux commissaires pris parmi les membres de l'Académie qui n'ont point d'élèves au concours, sont chargés de vérifier si tous les concurrents ont été fidèles à toutes les conditions du concours, aux données du programme, et si les projets rendus sont conformes à leurs esquisses.

Sur le rapport de ces commissaires, la section propose d'exclure du concours ou d'y maintenir les concurrents, selon que les ouvrages donnent lieu à quelque reproche de contravention ou en sont exempts.

Ensuite la section décide provisoirement, par la voie du scrutin, et à la majorité absolue des suffrages,

1° S'il y a lieu ou non à décerner un premier grand prix;

2° A quel projet elle est d'avis que ce prix soit décerné;

3° S'il y aura lieu à décerner un second grand prix.

Dans le cas où la section croirait qu'il pourrait y avoir lieu à décerner un deuxième second grand prix, ou de faire quelques mentions honorables d'autres ouvrages, la section décide ces questions provisoirement et par les mêmes formes de scrutin.

L'opinion de la section sur le mérite absolu ou relatif des ouvrages est recueillie et sommairement motivée dans un procès-verbal signé du secrétaire.

19. A une heure après-midi du même jour, l'Académie royale des Beaux-Arts s'assemble dans le même local.

L'assemblée formée, le secrétaire perpétuel fait lecture du programme, puis du procès-verbal de la séance de la section, lequel contient son jugement préparatoire et les motifs de son jugement.

Ensuite l'assemblée charge deux commissaires pris parmi ses membres, autres que ceux qui auraient des élèves concurrents autant que possible, de lui faire un rapport sur la question de savoir si toutes les conditions du concours et du programme ont été fidèlement remplies par tous les concurrents, et si les projets rendus sont conformes aux esquisses.

D'après ce rapport, l'Académie décide si les concurrents sont maintenus dans le concours, ou si quelqu'un en sera exclu.

Ensuite le président pose cette première question : *Y a-t-il lieu à décerner le premier grand prix?*

Si l'affirmative est décidée, l'Académie procède, par la voie du scrutin, et à la majorité absolue des suffrages, au choix du projet qui mérite le prix. Le scrutin porte la lettre et le numéro de l'ouvrage.

20. Le président consulte ensuite de la même manière l'Académie, pour savoir s'il y a lieu à décerner un second prix. Dans le cas de l'affirmative, il est procédé de même que pour le premier grand prix.

S'il est fait la proposition d'accorder, soit un deuxième second grand prix, ou quelque mention honorable, l'Académie délibère sur cette proposition dans les mêmes formes, et par les mêmes procédés de scrutin.

21. Les concurrents qui auraient précédemment remporté un second grand prix, ne pourront prétendre qu'au premier.

22. Ceux qui auront déjà obtenu une mention honorable ne peuvent également prétendre qu'au second ou au premier grand prix.

23. L'Académie fait mettre au bas des projets le nom des concurrents, leur âge, les succès obtenus par eux, et le nom de leurs auteurs.

24. Les noms de ceux qui ont remporté les

prix sont publiés à mesure des jugements, et consignés aux procès-verbaux de l'Académie et de l'École.

Les grands prix sont distribués, et les noms des artistes qui les remportent sont proclamés dans la séance publique de l'Académie royale des Beaux-Arts.

Le secrétaire perpétuel de l'Académie fait connaître au ministre de
le résultat des concours définitifs pour les grands prix, après que tous les jugements sont terminés.

25 et dernier. L'agent de l'École royale des Beaux-Arts est chargé spécialement de tout ce qui concerne l'exécution des réglements relatifs à la surveillance à exercer sur les concurrents, soit dans leurs travaux, soit eu égard au bon ordre, à la décence et à la tranquillité qui doivent régner dans les concours.

Une copie de ces réglements, certifiée conforme à l'original par le secrétaire perpétuel de l'Académie, est remise à l'agent et au secrétaire perpétuel de l'École.

Si l'agent se trouvait embarrassé par quelque difficulté imprévue, il en ferait son rapport au secrétaire perpétuel, qui, après avoir consulté l'Académie, transmettrait à l'agent les décisions qui auront été prises.

RÉGLEMENTS

POUR LE CONCOURS DU GRAND PRIX DE GRAVURE EN TAILLE-DOUCE.

Concours du grand prix de gravure en taille-douce.

ART. 1er. Il y a pour le grand prix de gravure en taille-douce deux concours, l'un d'essai, l'autre définitif.

L'époque de ces deux concours est fixée par le programme général des concours, qu'arrête, au commencement de l'année, l'Académie royale des Beaux-Arts.

2. Avant le concours d'essai, tous ceux qui veulent concourir pour le grand prix de gravure en taille-douce sont obligés de déposer chez l'agent (surveillant) des Écoles une épreuve de chacune des planches qu'ils auront gravées, soit d'après dessin, soit d'après tableau.

3. Ils y joindront une déclaration signée d'eux, attestant que lesdites gravures sont

faites par eux dans leur totalité. Il leur est délivré de ces pièces un reçu détaillé; et tout de suite ils sont inscrits au nombre des concurrents pour le concours d'essai. Quiconque fera une fausse déclaration sera déclaré incapable d'entrer à l'avenir dans aucun concours public.

Premier concours d'essai.

4. Le jour indiqué, à huit heures du matin, les concurrents, réunis dans la salle du modèle, tirent au sort pour établir leur rang. Il en est fait une liste d'après laquelle chaque concurrent, sur l'appel qui se fait, choisit sa place pour dessiner une figure d'après le modèle posé par le professeur du mois.

5. Six jours sont accordés, depuis huit heures du matin jusqu'à deux heures après midi, pour dessiner cette figure, qui aura de proportion environ cinq décimètres, ou un pied six pouces et demi.

6. Le lundi suivant, à huit heures du matin, les concurrents se réunissent aux écoles pour dessiner une figure d'après l'antique, placée à cet effet selon l'ordre du professeur du mois.

7. L'appel pour le choix des places se fera d'après la liste ci-dessus mentionnée, mais cette fois en commençant par le dernier et poursuivant jusqu'au premier.

8. Six jours sont accordés pour exécuter ce

dessin, depuis huit heures du matin jusqu'à deux heures après-midi.

9. Le jour suivant, la section de gravure, à laquelle, vu le petit nombre de ses membres, ont été adjoints par la voie du scrutin, dans l'Académie, deux membres pris dans la section de peinture, s'assemble, avec le bureau de l'Académie et sous sa présidence, dans le local de l'École où sont exposés les dessins des concurrents, tant d'après le modèle que d'après l'antique, et leurs estampes précédemment déposées chez l'agent de l'École.

10. Le président de l'Académie consulte la section sur la question de savoir s'il y a lieu d'admettre les concurrents au concours définitif.

11. Le nombre des concurrents sera de huit au plus.

Concours définitif.

12. Ceux des concurrents qui auront été choisis, comme il vient d'être dit, se réuniront le jour qui suivra immédiatement celui du jugement, à l'effet d'exécuter un dessin d'après une figure antique, laquelle aura été désignée par le professeur du mois.

13. Pour le choix des places, ils suivent le rang qui leur a été assigné par le jugement.

14. Chaque dessin sera fait sur papier collé, soit sur châssis, soit sur carton. La signature du professeur est apposée sur le côté de la

feuille où le dessin sera fait et avant qu'il soit terminé.

15. Il est accordé six jours, depuis huit heures du matin jusqu'à deux heures après midi, pour l'exécution de ce dessin.

16. Le lundi suivant, les concurrents se rendent à huit heures du matin à l'École, où ils trouvent un modèle posé par le professeur du mois. Même ordre dans le choix des places, mêmes précautions et conditions que dans l'article précédent.

17. Il est de même accordé six jours pour faire ce dessin, depuis huit heures du matin jusqu'à deux heures après-midi.

18. Ce dessin devra être scellé dans son cadre aux quatre coins par le sceau de l'Académie.

Le cuivre portera une estampille qui sera posée par un des membres de la section.

19. Le lundi suivant, les concurrents entrent en loge pour graver la figure que chacun d'eux aura dessinée d'après le modèle vivant, et qu'ils réduisent à la proportion de trente-deux centimètres ou douze pouces au moins.

20. Pour le choix des loges, ils suivent le rang déterminé par le jugement du concours d'essai. Ils restent en loge 90 jours, à compter du jour où ils y seront entrés.

21. Aucun concurrent ne peut emporter sa planche, qui, chaque jour, reste déposée sous la surveillance de l'agent. Seulement il

lui est permis de l'emporter, pendant l'espace de trois heures, le jour qu'il aura indiqué pour faire trois épreuves d'essai : chaque fois il doit être accompagné d'un surveillant. Cette permission peut être renouvelée jusqu'à quatre fois pendant la durée du concours.

Jugement du concours définitif.

22. Le jour indiqué, à dix heures du matin, la section de gravure, augmentée des deux membres pris dans la section de peinture, s'assemble conjointement avec les membres du bureau et sous sa présidence, dans le lieu d'exposition des ouvrages des concurrents.

23. Des commissaires sont nommés pour vérifier si toutes les conditions requises ont été observées par les concurrents, et si aucun n'est dans le cas d'être exclu du concours.

24. D'après ce rapport et l'arrêté qui s'ensuit, le président de l'Académie pose la première question : *Y a-t-il lieu à premier prix.* Voir pour les concours des autres sections.

RÉGLEMENTS

POUR LE CONCOURS DU GRAND PRIX RÉUNI

DE GRAVURE EN MÉDAILLE

ET PIERRE FINE.

Concours du grand prix de gravure en médaille et pierre fine.

ART. 1er. Il y a tous les quatre ans un concours pour le grand prix de gravure en médaille et pierre fine.

2. Tous ceux qui veulent concourir pour ce grand prix, sont tenus de déposer, avant le jour indiqué pour le concours, quelque morceau reconnu pour être leur ouvrage, dans l'un et dans l'autre genre, et qui témoigne de leur capacité.

3. Ils y joindront une déclaration signée d'eux, attestant que lesdits morceaux sont faits par eux dans leur totalité. Il leur est délivré de ces pièces un reçu détaillé, et de suite ils sont inscrits au nombre des concurrents pour le concours d'essai. Quiconque

fera une fausse déclaration sera déclaré incapable d'entrer à l'avenir dans aucun concours public.

Premier concours d'essai.

4. Le jour indiqué pour ce concours d'essai, les concurrents font une esquisse modelée en terre sur un sujet donné par le professeur en exercice dans l'École. (Cette esquisse sera terminée dans le jour.)

5. Au jour indiqué, la section de gravure, augmentée de deux membres pris dans la section de sculpture, s'assemble avec les membres et sous la présidence du bureau de l'Académie, dans le lieu où sont exposées les esquisses, à une heure après-midi.

6. Le président consulte la section pour savoir s'il y a lieu ou non d'admettre au second concours d'essai.

7. Si l'affirmative est décidée, il est fait choix, par la voie du scrutin, et à la majorité absolue des suffrages, du nombre d'esquisses dont les auteurs seront admis au second concours.

Second concours d'essai.

8. Les concurrents admis, d'après le jugement du premier concours d'essai, au second concours d'essai, se rendent au jour indiqué

dans la salle du modèle, pour y modeler sur un fond de soixante-quatre centimètres sur cinquante, ou deux pieds sur dix-huit pouces, une figure de la grandeur de ce fond, d'après le modèle posé par le professeur du mois. Le rang, pour le choix des places, est déterminé par l'ordre dans lequel les concurrents ont été admis par le précédent jugement.

9. Il est accordé pour ce concours d'essai, quatre jours, à sept heures de travail par jour.

10. Au jour indiqué, il est procédé, selon les formes accoutumées, au choix de ceux qui seront admis au concours définitif, lequel aura lieu comme il sera dit ci-après.

11. Le nombre des concurrents est de huit au plus.

Concours définitif.

12. Les concurrents entrent en loge le jour qui leur est indiqué.

13. Le matin de ce jour, à sept heures, la section de gravure, accompagnée et présidée comme ci-dessus, rédige le programme d'un sujet qui devra être modelé en terre, puis gravé soit sur acier, soit sur pierre fine.

14. Le sujet est communiqué aux concurrents en loge par le secrétaire perpétuel de l'Académie, avec deux commissaires, et copie du programme est donnée à chacun des concurrents.

15. Les concurrents ont douze heures pour faire l'esquisse du sujet donné.

16. D'après cette esquisse, à laquelle ils sont tenus de se conformer rigoureusement, les concurrents exécutent en terre et de bas-relief le sujet donné par le programme, sur un fond de quatre-vingts centimètres ou deux pieds et demi dans sa plus grande dimension; le sujet sera exécuté de la grandeur du fond.

17. Chaque concurrent est tenu d'exécuter le même sujet, soit sur acier, soit sur pierre fine à son choix.

18. S'il préfère l'exécution sur acier, il pourra le faire à son gré, soit en creux, soit en relief; s'il en préfère l'exécution sur pierre fine, elle ne pourra avoir lieu qu'en creux.

19. Il est en outre donné aux concurrents une empreinte en relief, d'une tête antique gravée, soit en pierre fine, soit en médaille; et chacun est tenu d'en faire la copie en creux, si c'est en pierre fine; et soit en creux, soit en relief, à son choix, si c'est sur acier.

20. Il est entendu que chaque concurrent devra exécuter cette tête en pierre fine, s'il fait le sujet du programme sur acier, et l'exécuter sur acier, s'il fait le sujet du programme en pierre fine.

21. Les concurrents ont quatre mois pour exécuter en loge ces différents ouvrages.

22. Ils ne peuvent emporter hors de leur loge, soit leur coin, soit leur pierre fine, qui

chaque jour seront déposés entre les mains de l'agent de l'École.

23. La pierre qui devra être gravée sera montée sur une plaque de cuivre et sertie en or à biseau creux : sous la plaque de cuivre il y aura une vis au bout de laquelle sera un anneau. La vis servira à fixer la pierre montée sur le mandrin qui sert à la manier. Le mandrin sera percé dans toute sa longueur. On passera dans l'anneau un cordon, lequel traversera le mandrin et l'établi. Celui-ci sera pour cet effet percé d'un trou. Les deux extrémités du cordon seront remises dans une capsule de fer-blanc, percée de deux trous, et seront fixées avec de la cire molle sur laquelle sera empreint le sceau de l'Académie.

Jugement du concours définitif.

24. Le jour indiqué, la section de gravure, augmentée de deux membres de la section de sculpture, accompagnée et présidée par le bureau de l'Académie, s'assemble à dix heures du matin, dans le local où sont exposés les ouvrages des concurrents.

(Voir pour les concours des autres sections.)

RÉGLEMENTS

POUR LES CONCOURS DU GRAND PRIX

DE COMPOSITION MUSICALE.

Concours du grand prix de composition musicale.

Le concours annuel pour le grand prix de composition musicale embrasse la musique comme science et comme art. La musique, appartenant à la science par sa théorie, et à l'art par sa pratique, le concours de musique doit avoir pour objet de cultiver et de faire connaître le savoir et le talent des concurrents sous les deux rapports qui viennent d'être énoncés.

Ainsi on examine les concurrents d'abord sur l'harmonie, le contre-point et la fugue, pour juger à quel degré ils possèdent la partie de la musique qui correspond à la science. Ensuite on leur fait composer une scène dramatique, dans laquelle ils peuvent faire connaître leurs moyens et leurs dispositions pour vivifier l'harmonie par la mélodie, et pour caractériser la mélodie par le sentiment et la pensée.

Les concurrents doivent être Français ou naturalisés Français, et n'avoir pas plus de trente ans.

Un avis inséré dans les papiers publics invite, un mois d'avance, tous ceux qui seront dans l'intention de concourir, de se faire inscrire à cet effet au secrétariat de l'Institut, et de justifier de toutes les conditions requises.

Art. 1er. La section de musique examine préalablement les concurrents qui se sont fait inscrire, et s'assure qu'ils sont en état d'entrer en concours.

2. Au jour et à l'heure indiqués pour l'ouverture du concours d'essai, la section de musique, accompagnée des membres du bureau, s'assemble dans la salle des séances ordinaires de l'Académie.

3. Les concurrents inscrits et vérifiés sont tenus de se rendre au secrétariat.

Concours d'essai.

4. Au jour et à l'heure indiqués, la section de musique s'assemble pour donner le sujet de la fugue à quatre parties.

La section ajoute à ce travail la composition d'un morceau de musique vocale, avec des accompagnements sur des paroles choisies de même par la section de musique.

5. Les élèves qui se sont fait inscrire sont tenus de composer dans la même journée les morceaux donnés sans désemparer, et de déposer leurs manuscrits au secrétariat.

Jugement du concours d'essai.

6. Peu de jours après, la section de musique réunie aux membres du bureau s'assemble pour juger les ouvrages des concurrents et choisir ceux qui doivent être admis au concours définitif pour le grand prix, en observant les formes prescrites pour les autres concours. Le nombre des concurrents est de six au plus.

Choix de la cantate.

7. Le secrétaire perpétuel de l'Académie est chargé d'inviter différents auteurs à composer les paroles d'une scène ou cantate pour être mise en musique. Cette pièce doit être composée d'un récitatif obligé, d'un cantabile suivi d'un récitatif simple, et terminée par un air de mouvement et d'un caractère prononcé. Ces pièces de vers sont déposées au secrétariat, sous le sceau de l'Académie.

8. La section réunie aux membres du bureau procède au choix de la scène ou de la cantate qui sera proposée aux concurrents, le tout au scrutin et à la majorité absolue des suffrages. Dans cette scène, les concurrents pourront déployer toutes les richesses de

l'harmonie et de la mélodie, et le luxe d'un orchestre complet.

9. Les concurrents sont introduits dans la salle où la section est assemblée. Il leur est donné lecture de la scène ou cantate, et chacun d'eux en prend copie séance tenante. Ensuite ils sont conduits en loge par le secrétaire perpétuel, accompagné de deux membres de la section de musique.

10. Les concurrents ont vingt-cinq jours pleins pour terminer leur travail.

11. Au jour indiqué pour le jugement, au moins trois jours avant celui de la séance ordinaire (ce jour doit être un jour de séance ordinaire pour l'Académie), la section de musique, réunie aux membres du bureau, s'assemble, sous sa présidence, dans une des salles de l'Institut; et, après avoir examiné les ouvrages des concurrents, le président consulte sur les questions et de la manière ci-dessus. (*Voyez Jugement des concours de peinture et sculpture.*)

12. Un membre de la section de musique est chargé de rédiger par écrit les motifs de ce jugement, pour être lus à l'ouverture de la séance de l'Académie.

13. La séance de l'Académie ouverte, et après la lecture du rapport de la section, un ou plusieurs chanteurs choisis par la section, et avec l'accompagnement de piano, exécutent les cantates, compositions des concurrents.

14. Cette épreuve terminée, M. le président

consulte l'Académie par les questions d'usage : *Y a-t-il lieu à décerner des prix, etc.*? (Voyez ci-dessus.)

15. La cantate qui a obtenu le premier grand prix est exécutée dans la séance publique de l'Académie, premier samedi d'octobre, jour de la distribution des grands prix.

16. S'il n'y avait pas de premier prix, la cantate de celui qui a remporté le second prix est exécutée dans la séance publique.

RÉGLEMENTS

POUR LE CONCOURS DU GRAND PRIX

DE PAYSAGE HISTORIQUE.

Concours du grand prix de paysage historique.

ART. 1er. Le concours de paysage historique a lieu de quatre ans en quatre ans, à partir du 1er avril 1817, époque du premier concours de ce genre.

2. Le prix et les avantages attachés à ce concours sont en tout les mêmes que pour le concours de peinture historique, sauf les différences indiquées aux articles ci-dessous.

3. Le sujet du concours de paysage est constamment du genre noble et historique.

4. Le sujet est donné par la section de peinture réunie aux membres du bureau, et dans les formes établies pour les autres concours.

5. Un mois avant le jour indiqué pour le concours, un avis rendu public invitera ceux qui

seront dans l'intention de concourir à se faire inscrire au secrétariat de l'Institut, et à justifier des conditions requises.

6. Ces conditions sont les mêmes que pour les autres concours; c'est-à-dire qu'il faut être né Français ou naturalisé Français, et être au-dessous de trente ans.

Premier concours d'essai.

7. L'admission au concours de paysage est précédée de deux concours d'essai.

8. Le premier concours d'essai consiste en une esquisse de paysage historique, peinte et faite dans une journée. Le sujet en est donné le matin par le professeur en exercice dans le mois.

9. La section de peinture réunie aux membres du bureau fait, selon les formes établies pour les autres concours, le choix de ceux des concurrents qui seront admis au second concours d'essai.

10. Les concurrents admis au second concours d'essai doivent exécuter en peinture, sur une toile d'environ trois pieds, un arbre se détachant sur le ciel, et dont l'espèce sera déterminée, le matin du jour de l'ouverture du concours, par le professeur en exercice dans le mois.

11. A la peinture de cet arbre sera jointe, dans la même toile, l'exécution d'un sujet dont

les figures auront au moins quatre pouces de proportion.

12. Ce concours dure six jours entiers, et il a lieu, ainsi que le précédent, dans une des salles de l'École, sous la direction du professeur en exercice, lequel veille (de concert avec le concierge) à ce qu'il ne soit apporté de l'extérieur aucune étude.

13. Au jour indiqué, la section de peinture s'assemble avec les membres et sous la présidence du bureau de l'Académie, dans le local d'exposition des ouvrages, et fait, dans les formes prescrites pour les autres concours, le choix de ceux qui seront admis au concours définitif.

14. Huit concurrents au plus peuvent être admis au concours définitif,

Concours définitif.

15. Le jour indiqué pour l'ouverture de ce concours, la section s'assemble avec les membres et sous la présidence du bureau, à sept heures précises du matin, dans le local des séances ordinaires de l'Académie.

16. Il est procédé au choix du sujet de paysage historique de la même manière, avec les mêmes formes que pour le concours du grand prix de peinture.

17. La mesure du tableau, le temps donné pour l'exécuter, les réglements de surveillance

intérieure, sont en tout les mêmes que pour le concours de peinture historique.

18. Les concurrents doivent donner un calque qui représente clairement toutes les lignes de composition de leur paysage et des figures qui l'accompagneront : il ne leur est point permis d'y rien changer.

19. Aucun tableau, aucune étude, aucune estampe, ne doivent être apportés dans les loges.

20. Le caractère à donner au paysage en raison du sujet, et le soin de la composition comme de l'exécution des figures (qui devront avoir quatre pouces au moins et huit pouces au plus de proportion), seront expressément rappelés aux concurrents comme conditions de rigueur.

21. Le présent réglement sera lu aux concurrents à leur entrée en loge; il en sera fait également lecture dans l'Académie avant qu'elle procède au jugement.

Jugement du concours définitif.

22. Au jour indiqué pour le jugement du concours définitif, la section de peinture se rassemble avec les membres et sous la présidence du bureau, à dix heures du matin, dans la salle d'exposition des ouvrages, pour procéder à leur jugement provisoire.

(Le reste comme dans les concours ci-dessus.)

RÉGLEMENTS

POUR

LES TRAVAUX DES PENSIONNAIRES A L'ACADÉMIE DE FRANCE, A ROME.

ORDONNANCE

DU ROI.

Paris, le 26 janvier 1821.

LOUIS, par la grâce de Dieu, ROI DE FRANCE ET DE NAVARRE, à tous ceux qui ces présentes verront, SALUT.

Sur le rapport de notre ministre secrétaire d'état de l'intérieur,

Notre conseil d'état entendu,

Nous avons ordonné et ordonnons ce qui suit :

ART. 1er. Le réglement pour les jeunes artistes qui, ayant remporté les premiers grands prix aux concours de l'Académie des Beaux-

Arts, sont pensionnés sur les fonds du trésor royal, est et demeure approuvé tel qu'il se trouve ci-annexé.

2. Notre ministre secrétaire d'état de l'intérieur est chargé de l'exécution de la présente ordonnance.

Donné en notre château des Tuileries, le 26 janvier de l'an de grâce 1821, et de notre règne le vingt-sixième.

Signé LOUIS.

Par le Roi :

Le ministre secrétaire d'état au département de l'intérieur,

Signé SIMÉON.

Pour copie conforme,

Le conseiller d'état, secrétaire général du ministère de l'intérieur,

Signé Bon CAPELLE.

CONSEIL D'ÉTAT.

RÉGLEMENT

POUR LES JEUNES ARTISTES,

PENSIONNAIRES DU ROI.

Nominations. — Traitements.

Art. 1er. Les artistes français qui remportent les premiers grands prix aux concours annuels de l'Institut sont pensionnés sur les fonds du trésor, SAVOIR :

Les peintres d'histoire..... Les sculpteurs............ Les architectes........... Les graveurs en taille-douce Les compositeurs musiciens.	Pendant cinq années.
Les peintres de paysage.... Les graveurs en médaille... Les graveurs en pierre fine..	Pendant quatre années.

6

2. Les pensionnaires jouissent, en Italie, en Allemagne ou en France, des droits acquis par les prix qui leur ont été décernés; et ils sont tenus, pendant la durée de leur pension, à des travaux déterminés, suivant l'art que professe chacun d'eux.

3. Les élèves qui se rendent en Italie, et qui se présentent au directeur de l'Académie de France à Rome, ne peuvent être par lui reconnus en qualité de pensionnaires du roi, qu'autant qu'ils sont porteurs de leur titre revêtu des formes légales.

Cette pièce est enregistrée, et remise ensuite au titulaire.

4. Pendant leur séjour à Rome, les élèves sont logés et nourris au palais de l'Académie. Les frais de leurs études obligées sont supportés par l'état.

5. Chaque élève, avant son départ de Paris, reçoit une somme de 600 francs, pour les frais de son voyage, et il lui est payé pour son retour en France une pareille somme de 600 francs sur les fonds de l'Académie.

6. Il est alloué, en outre, à chaque élève, pendant son séjour en Italie, une somme annuelle de 1,200 francs, savoir :

1° 900 francs qui lui sont comptés en argent, à raison de 75 fr. par mois, soit pour son entretien personnel, soit pour les dépenses des travaux d'émulation, soit enfin pour des courses et des recherches spéciales.

2° 300 fr., qui forment une caisse de retenue dont il est tenu compte aux élèves dans la dernière année de leur pensionnat.

Travaux des élèves. — Études communes.

7. Les pensionnaires de l'Académie de France ont des études de deux espèces : les unes communes à tous et à leur choix ; les autres particulières à chaque art, et obligatoires pour chacun des élèves.

8. Les études communes pour les arts du dessin sont :

1° Celle du modèle vivant;

2° Celle des statues antiques;

3° Celle qui résulte de la lecture et des voyages.

9. Le modèle vivant est posé tous les jours pendant deux heures (excepté les dimanches et fêtes), dans une des salles du palais de l'Académie. Les pensionnaires qui doivent se livrer à cette étude s'y rendent, en été, depuis six heures du matin jusqu'à huit, et, en hiver, depuis six jusqu'à huit heures du soir.

10. Des galeries du palais sont destinées à contenir des statues, bustes et bas-reliefs, moulés sur l'antique, et devant offrir journellement des objets d'études aux pensionnaires.

11. La bibliothèque de l'Académie est ouverte aux élèves tous les jours à leur volonté, et ne sert que pour eux seulement.

Études particulières.

12. Les études particulières à chaque art, et les droits aussi bien que les obligations de chaque élève sont déterminés par les articles qui suivent.

13. Le peintre d'histoire, le sculpteur, l'architecte, passent les cinq années de pension en Italie; le peintre paysagiste, ainsi que les graveurs en pierre fine et en médaille, y demeurent aussi leurs quatre années.

Peintres d'histoire.

14. Le peintre d'histoire est tenu de faire, 1° pendant le cours de chacune des deux premières années de son séjour à Rome, une figure peinte d'après nature, et de grandeur naturelle; plus, quatre figures dessinées d'après le modèle vivant, et deux d'après l'antique.

2° Dans le cours de la troisième année, une figure peinte comme ci-dessus, et l'esquisse peinte ou dessinée d'une composition ou sujet de son invention.

3° Dans sa quatrième année, la copie d'un tableau de grand maître, ou bien des fragments peints ou dessinés de trois figures, au moins, d'après les fresques ou des originaux de grands peintres (à son choix et avec l'approbation du directeur). Ces fragments copiés seront de la grandeur des originaux; si toutefois les originaux étaient de proportions colossales, les copies n'auront pas moins de la grandeur naturelle. Chaque pensionnaire fait de plus, dans la même année, une composition ou esquisse peinte, de son invention, de deux pieds au moins, et ne comprenant pas moins de douze figures.

Nota. Les copies ou fragments de copies ci-dessus appartiennent au gouvernement. Les copies sont réparties entre les musées des départements : les fragments seront déposés à l'École royale des Beaux-Arts.

4° Dans le cours de la cinquième année, un tableau d'histoire de sa composition, et de plusieurs figures de grandeur naturelle.

Nota. Ce tableau est la propriété du pensionnaire; il ne peut être de plus de quatre mètres ou douze pieds, dans sa plus grande dimension.

Sculpteurs.

15. Le sculpteur doit exécuter,

1° Pendant le cours de la première année de son pensionnat, une copie en marbre, d'après une statue antique, à son choix, avec l'approbation du directeur de l'Académie. Cette copie est de la grandeur de l'original. Si le pensionnaire fait choix d'une statue colossale excédant sept pieds, il est tenu d'en réduire la proportion à six pieds.

Nota. Cette copie, en marbre, appartient au gouvernement, et doit être envoyée à l'un des musées des départements.

2° Dans la seconde et troisième année, une figure de bas-relief d'après nature et de grandeur naturelle, ou bien à son choix, un modèle de figure en ronde bosse de la proportion de demi-nature, au moins; plus, une tête en ronde bosse, soit d'homme, soit de femme.

3° Dans la quatrième année, le modèle d'une figure de sa composition (grandeur naturelle); plus, une esquisse d'un groupe en ronde bosse, d'un pied de proportion au moins.

4° Dans le cours de sa cinquième année, l'exécution, en marbre, de la figure composée par l'artiste l'année précédente.

Nota. Cette figure appartient au pensionnaire.

16. Le gouvernement fournit les marbres pour la statue antique à faire dans la première année, et pour la figure à exécuter dans la cinquième année.

Architectes.

17. Chaque pensionnaire architecte doit,

1° Pendant le cours de la première année de son séjour en Italie, faire quatre études de détails, d'après les plus beaux monuments antiques, à son choix, et avec l'approbation du directeur; ces détails sont dessinés sur les monuments mêmes, et ils doivent être ce qu'on appelle rendus au quart de l'exécution. Il doit, de plus, dans la troisième année, ajouter à ces études une portion, soit de l'édifice antique d'où ces détails sont pris, soit de tout autre édifice à son choix; il indique les proportions et en fait connaître la construction.

2° Dans le cours de la quatrième année, il fait les dessins géométraux d'un monument antique de l'Italie, à son choix, et avec l'approbation du directeur; ces dessins seront levés et exécutés d'après le monument dans l'état où il se trouve. Le pensionnaire y doit joindre les dessins arrêtés de la restauration du monument telle qu'il l'aura conçue, et un précis historique sur son antiquité et sa construction. De plus, il ajoute à ces objets les détails des parties les plus intéressantes au quart de l'exécution.

Nota. Les dessins de ces restaurations appartiennent au gouvernement; et, comme ils sont destinés à former une collection intéressante et utile aux arts, le format doit être semblable pour tous, et il est fixé à la proportion d'un mètre soixante-six centimètres, dimension ordinaire, grand-aigle de Hollande.

3° Pendant la cinquième année, le pensionnaire fait le projet d'un monument public de sa composition, et conforme aux usages de la France. Les dessins de ce projet sont ce qu'on appelle terminés, et en présentent les plans, coupes et élévations, plus, les détails convenables, tant pour la clarté des idées que pour la construction. Le format de ces dessins est au moins de la grandeur du papier grand-aigle de Hollande.

Nota. Ces dessins restent la propriété du pensionnaire.

18. Les pensionnaires architectes font des excursions dans plusieurs parties de l'Italie, pour prendre connaissance des divers styles, des différentes dispositions des monuments, et des moyens employés dans les constructions.

19. A leur retour à Rome, ils doivent faire connaître au directeur de l'Académie le résultat de leurs travaux, et lui communiquer les dessins qu'ils ont faits, ainsi que leurs observations et réflexions écrites pendant ces courses. Celles-ci ne peuvent, au surplus, commencer que dans la troisième année du pensionnat, et seulement après que l'artiste a remis au directeur les travaux auxquels il est obligé pour cette année, comme pour les deux précédentes.

En vertu de l'ordonnance du roi du 30 août 1828, vu l'extrait des procès-verbaux de l'Académie des Beaux-Arts des 1er et 8 mars 1828, les réglements sur les travaux des pensionnaires graveurs en taille-douce ont été modifiés ainsi qu'il suit :

ART. 1er. Les élèves graveurs qui auront remporté les premiers grands prix à l'Institut seront envoyés à l'École de France à Rome, pour y passer cinq années aux frais du trésor royal.

2. Les travaux et les obligations des élèves seront réglés de la manière suivante pendant la durée de leur séjour en Italie, savoir :

1° Chaque pensionnaire graveur devant fréquenter habituellement l'école du modèle vivant et se livrer à l'étude de l'antique, sera tenu d'envoyer, *à la fin de sa première année*, deux figures académiques d'après nature, et deux dessins de figures d'après l'antique; quatre études de fragments ou parties détachées d'après les tableaux ou fresques des grands maîtres; le dessin d'un beau portrait anciennement peint par quelque maître célèbre : ce dessin aura au moins huit pouces de haut, et le masque devra avoir deux pouces.

2° Le pensionnaire graveur sera tenu, *dans la seconde année* de son séjour à Rome, de faire, comme l'année précédente, deux études dessinées d'après nature et deux d'après l'antique; un dessin de quinze pouces au moins d'après un tableau ou une fresque d'un grand maître. Il devra en outre déposer entre les mains du directeur de l'établissement, à la fin de cette seconde année, une épreuve de la planche du portrait ébauché par lui d'après le paragraphe 1er.

Un certificat du directeur envoyé à l'Institut constatera l'exécution de cette ébauche.

3° *Dans sa troisième année*, le pensionnaire graveur fera deux études dessinées d'après nature et deux figures d'après l'antique; et de plus un dessin de deux figures au moins, d'après un tableau ou une fresque d'un grand maître. Le choix de la fresque ou du tableau devra être approuvé par le directeur de l'École de Rome, et le dessin devra avoir au moins quatorze pouces sur dix à douze, et servir pour faire la planche des deux dernières années de la pension de l'élève.

La planche du portrait dessiné dans la première année, ébauchée sur le cuivre dans la seconde, devra être terminée dans la troisième. Cette planche appartiendra à notre École royale des Beaux-Arts de Paris.

4° *Dans la quatrième année*, le pensionnaire devra, outre les quatre études d'après nature et d'après l'antique, ébaucher entièrement la planche dont il aura exécuté le dessin dans la troisième année.

Un certificat du directeur sera adressé à

notre Académie royale des Beaux-Arts pour attester que cette planche sera entièrement ébauchée.

5° *La cinquième année* sera employée par le graveur à terminer à Rome la planche dont il aura fait le dessin dans la troisième année, et qu'il aura ébauchée dans la quatrième.

Cette planche sera la propriété du pensionnaire.

3. Le directeur de l'École de France à Rome, et notre Académie royale des Beaux-Arts sont et demeurent spécialement chargés de veiller à ce que les pensionnaires graveurs accomplissent les conditions qui leur sont imposées.

Graveurs en médaille et en pierre fine.

20. Le graveur en médaille et le graveur en pierre fine doivent faire,

1° Dans la première année, une copie modelée d'un bas-relief antique. Les figures de cette copie, s'il y a lieu à réduction, ne doivent pas avoir moins de deux pieds et demi; plus, ces artistes font la copie en creux d'une belle pierre ou d'une médaille antique. Tous ces objets d'étude sont à leur choix, sous l'approbation du directeur.

2° Dans la deuxième année, une figure d'après nature, en bas-relief, de trois pieds au moins; plus une médaille ou une pierre gravée en relief d'après l'antique, et avec l'approbation du directeur.

3° Dans la troisième année, un bas-relief de leur composition, de deux figures au moins, proportion de demi-nature, qu'ils exécuteront, soit en pierre fine, soit en médaille.

4° Dans la quatrième année, la copie (en pierre fine ou en médaille) d'une statue antique à leur choix, et avec l'approbation du directeur.

Nota. Ce dernier ouvrage appartient au gouvernement : les autres ouvrages exécutés par le pensionnaire demeurent sa propriété.

21. Le directeur de l'Académie pourvoit aux frais d'achat de pierres fines sur les fonds de l'établissement.

Peintres paysagistes.

22. Chaque pensionnaire, peintre de paysage, exécute,

1° Dans le cours de chacune de ses trois premières années de séjour en Italie, le tableau d'une vue prise sur nature, dans la proportion de quatre pieds. Ces trois tableaux doivent représenter alternativement, mais dans un ordre successif, au choix de l'artiste, un site de paysage agreste ou montueux; un site de paysage avec fabriques ou ruines, etc.; un site de paysage, côte marine. Chacun de ces tableaux doit être orné de figures et d'animaux. L'artiste donne par écrit la désignation du lieu d'où chacune de ces vues est prise. De plus, dans ces trois années, le paysagiste fait, d'après nature, deux figures peintes; ces deux dernières doivent avoir au moins la grandeur d'un pied.

Nota. Ces tableaux et ces figures appartiennent au pensionnaire.

2° Dans le cours de sa quatrième année, il fait un tableau de sa composition, dans le genre historique ou poétique, de cinq pieds de proportion au moins.

Nota. Ce tableau appartient au gouvernement.

Musiciens compositeurs.

23. Le compositeur de musique séjourne les deux premières années de sa pension à Rome, et, de l'avis du directeur, dans d'autres villes d'Italie, où il peut faire des études utiles.

La troisième année, il visite les principales villes de l'Allemagne, telles que Vienne, Munich, Dresde, et il revient à Paris passer la quatrième et cinquième année sous la surveillance de la section de musique de l'Académie royale des Beaux-Arts.

24. Chaque pensionnaire musicien est tenu, 1° de composer et de faire parvenir à l'Académie, pour la première année, des fragments de musique d'église.

2° Pendant le cours de la deuxième année,

des fragments d'opéra buffa et seria, en langue italienne.

3° Pendant la troisième année, des fragments de poésie sacrée, tels que les chœurs d'Athalie, d'Esther, et des morceaux d'Oratorio.

25. De retour à Paris, et pendant le cours des deux dernières années de sa pension, chaque artiste compositeur reçoit de la section de musique de l'Institut un ouvrage dramatique, soit nouveau, soit de l'ancien répertoire, pour le mettre en musique. Cet ouvrage est, par les soins de l'autorité, représenté à l'un des théâtres de la capitale, ou d'une des principales villes du royaume.

26. Avant l'expiration de ses années de pension, l'artiste doit désigner à la section de musique un des morceaux composés par lui pendant la durée de son pensionnat, soit hors de France, soit à Paris. Ce morceau est exécuté à la séance publique de l'Académie des Beaux-Arts, après la cantate qui a remporté le prix de l'année.

27. Le compositeur musicien, après avoir joui, pendant son voyage et son séjour en Italie, pendant les deux premières années de son pensionnat, des avantages énoncés aux articles 3, 4 et 5, reçoit en Allemagne pour la troisième année, et à Paris pour les deux dernières, une somme annuelle et fixe de 3,000 francs.

28. Il jouit de ses entrées à tous les théâ-

tres lyriques de Paris pendant les quatrième et cinquième années de sa pension.

Exposition des ouvrages.

29. Il y a tous les ans, au 1er avril, et pendant la durée du mois, exposition publique, au palais de l'Académie de France, à Rome, des travaux obligatoires des pensionnaires, peintres, sculpteurs, architectes, graveurs en pierre fine et en médaille.

30. Ces ouvrages sont, après le mois d'exposition à Rome, envoyés annuellement à Paris, et adressés au ministre de l'intérieur, qui les soumet au jugement de l'Institut, et fait ensuite passer au directeur de l'Académie de France le résultat de cet examen, pour qu'il en soit donné connaissance à chaque pensionnaire en ce qui le concerne.

31. Les travaux des pensionnaires de Rome et ceux des graveurs en taille-douce sont, pendant un temps, exposés à Paris, après l'examen de l'Académie royale des Beaux-Arts.

32. Les objets exposés à Paris, et que le réglement ne marque pas comme appartenant au gouvernement, sont déposés sous la garde du conservateur des monuments, pour être remis aux artistes dont ils sont la propriété, ou à leurs fondés de pouvoirs ou ayants-cause, à leur première réquisition.

33. Tout pensionnaire qui manque de livrer aux expositions la totalité des travaux obligatoires de chaque année, encourt la perte

de 300 francs sur la somme qui lui est allouée en argent.

34. Pendant le cours de la quatrième ou de la cinquième année de sa pension, chaque élève, peintre, sculpteur, architecte, graveur en pierre ou en médaille, peut réclamer les douze ou quinze cents francs, résultat des retenues qu'il a subies en vertu de l'article 6.

Le paiement de cette somme s'effectue sur les fonds de l'Académie de France à Rome, par portions égales et à trois époques;

SAVOIR :

1° Lorsque le pensionnaire aura fait les premières dispositions jugées convenables par le directeur pour l'exécution de l'ouvrage de sa quatrième ou cinquième année.

2° Après que ce travail aura atteint le degré d'avancement jugé suffisant par le directeur.

3° Lorsque l'ouvrage sera terminé.

Tout pensionnaire qui manque de satisfaire aux devoirs et aux travaux de la dernière année de sa pension perd la totalité de la somme produite par les retenues de chaque année.

35. Le musicien compositeur peut réclamer, en partant pour l'Allemagne, les 600 fr. de retenues exercées pendant ses deux ans de séjour en Italie; et cette somme lui est payée par le directeur, si l'artiste a rempli d'ailleurs les obligations qui lui étaient imposées.

36. Les pensionnaires de l'Académie de France à Rome s'adresseront au directeur pour les différentes demandes relatives à leurs besoins particuliers, ainsi que pour toute absence du palais, même de peu de jours, pour visiter seulement les environs de Rome, soit au sujet de plus grands voyages qu'ils désireraient entreprendre pour leurs études.

Les voyages au delà de 36 à 40 milles de rayon ne pourront commencer à avoir lieu que dans le courant de la troisième année, et après qu'il aura été satisfait aux travaux obligatoires de cette même troisième année et des précédentes.

Ordre établi à Rome, relativement aux pensionnaires.

37. Chaque élève a, dans le palais de l'Académie de France à Rome, une chambre et un atelier qui lui sont particuliers.

38. Les logements et ateliers destinés à chaque art doivent être spécialement distingués les uns des autres, de manière à ce que les peintres ne puissent occuper un local destiné, soit à un sculpteur, soit à un architecte, et réciproquement.

Les divisions et distributions faites dans ces logements doivent être construites d'une manière solide et invariable.

39. Le choix des logements et ateliers disponibles se fait par les pensionnaires, suivant leur droit d'ancienneté et de nomination.

40. Il est expressément défendu de transporter les statues, bustes et autres objets des lieux dans lesquels ils sont pour l'étude commune.

41. Il n'est pas permis d'emporter hors de la bibliothèque les livres et autres objets dépendants de l'établissement.

42. Chaque pensionnaire est responsable des effets mobiliers appartenant au gouvernement, qui lui ont été confiés sur un récépissé, soit dans sa chambre, soit dans son atelier, ou ailleurs, tant pour l'exercice de son art, que pour tout autre ouvrage; et il doit en rendre compte, avant son départ, au directeur.

43. Les pensionnaires se réunissent aux heures prescrites, à une table commune, pour le dîner et le souper.

Ils ne peuvent inviter à leur table personne du dehors.

On ne servira, soit le dîner, soit le souper, que dans la salle destinée à ce repas.

Le déjeuner est porté au logement de chaque pensionnaire.

44. Il est défendu aux pensionnaires de retenir, pendant la nuit, dans le palais, qui que ce soit, et sous quelque prétexte que ce puisse être.

45. Pour le maintien de l'ordre et la sûreté de tous, les portes du palais doivent être fermées à minuit.

46. Il y a dans le palais un local commode,

sain et tranquille, destiné à recevoir les pensionnaires, lorsqu'ils sont attaqués de quelque maladie qui, par sa nature, exige des soins particuliers et multipliés de la part des officiers de santé, ou des personnes de la maison employées au service des malades.

C'est le directeur qui, dans le cas de maladie d'un ou plusieurs élèves, et d'après l'avis du médecin, ordonne la translation dans le local ci-dessus désigné.

47. Les artistes, sous la protection immédiate du gouvernement, ne doivent jamais perdre de vue combien il importe de joindre aux talents des mœurs pures. Ils doivent se conduire d'après ces principes, soit au dedans, soit au dehors du palais; et, afin qu'aucun reproche ne leur soit fait, il faut qu'ils se conforment aux lois du pays et en respectent les usages.

ARRÊTÉ par l'Académie royale des Beaux-Arts.

Pour copie conforme,

Le secrétaire perpétuel,

Signé QUATREMÈRE DE QUINCY.

Certifié conforme,

Le secrétaire du comité,

Signé BOULÉE.

Pour copie conforme,

Le conseiller d'état, secrétaire-général,

Signé le Baron CAPELLE.

www.ingramcontent.com/pod-product-compliance
Ingram Content Group UK Ltd.
Pitfield, Milton Keynes, MK11 3LW, UK
UKHW021235230726
13926UKWH00003B/1451